T0270116

Cuando nos sentamos a meditar

Jorge Zentner

Cuando nos sentamos a meditar

Una práctica de zen laico

herder

Diseño de la cubierta: Dani Sanchis

© 2023, *Jorge Zentner*
© 2023, *Herder Editorial, S.L., Barcelona*

ISBN: 978-84-254-5060-0

Imprenta: Sagràfic
Depósito legal: B-16.315-2023
Impreso en España - Printed in Spain

herder

Con gratitud, a la memoria de mi maestra zen,
Anik *Senka* Billard

Índice

Introducción

Cuando nos sentamos a meditar... nunca sabemos lo que pasará, como en la vida misma. Nos sentamos, entornamos o cerramos los ojos, y eso nos permite descubrir otra mirada, dirigida esta vez hacia nuestro interior. En ese sentido, bien podríamos decir que meditar es, simplemente, estar vivo y ser consciente de estar vivo, plenamente vivo.

Meditar es una oportunidad que nos brindamos para recogernos, para instalarnos en la quietud y el silencio de nuestra conciencia. Todo ello sin aislarnos, presentes en nosotros mismos y abiertos a la presencia de los demás. Nuestra quietud interna, nuestro silencio y nuestra atención en el instante presente sostienen la práctica de las otras personas.

A veces, por error, se atribuye a la experiencia de esa intimidad un rostro adusto, serio, una mirada perdida en el limbo, como si nuestro interior no estuviera saturado de luz, amor y alegría; como si no fuéramos, también, ligereza, sonrisa y celebración.

Contrariamente a lo que muchas personas creen, la meditación no es un atajo para evitar las dificultades de la existencia humana: es una herramienta para afrontarlas, atravesarlas y trascenderlas conscientemente. La práctica zen me ha mostrado que abordar así cada instante —con creatividad e integridad— es una de las muchas formas que puede adoptar el arte de existir.

Hace muchos años, durante la práctica de meditación sentada, *zazen,* en un *dojo zen* de Barcelona, viví una súbita experiencia de autoconocimiento que puso fin al malestar existencial que arrastraba desde mi infancia.

En ese instante, me di cuenta también de que tal conocimiento no era un logro individual «mío» (del Jorge que, erróneamente, había creído ser hasta ese día) ni de aplicación exclusiva «para mí». Desde entonces, me he dedicado a compartirlo.

Pese a haber practicado *zazen* muchos años en un *dojo* que seguía la tradición transmitida por el maestro Taisen Deshimaru, no me considero budista; mi práctica puede ser vista como una forma de zen laico. Y es también —no lo puedo ocultar— el zen de un escritor, la práctica de alguien que pasa su vida caminando por la cuerda floja que sirve de frontera —y puente— entre el silencio y la palabra.

En *Cuando nos sentamos a meditar* reúno ochenta textos breves que se inscriben en la tradición zen del *Kusen. Ku,* boca; *sen,* enseñanza: enseñanza espontánea, nacida en el instante presente, que el maestro dirige oralmente a quienes permanecen sentados meditando en *zazen.*

Los capítulos de este libro, pues, no han sido escritos o redactados: son la transcripción de palabras surgidas desde el silencio, en otras tantas sentadas meditativas. Están compuestos en general por frases breves, a veces recurrentes, y siempre flotantes en un gran lago de silencio. No se dirigen a la mente lógica y acostumbrada a establecer categorías —bien/mal; correcto/incorrecto—, sino al lado más silencioso, intuitivo, lúdico y abierto a lo nuevo del lector, ese aspecto menos presionado por la exigencia de saber y de siempre tener razón.

Más que una comprensión intelectual, estas palabras buscan producir un «impacto en el corazón» del discípulo (en este caso del lector). Inexplicablemente, pueden provocar el inesperado fulgor de intuiciones profundas, o el fugaz contacto con la fuente de sabiduría y amor que cada uno de nosotros en esencia es.

Queda claro, entonces, que esta obra no es un ensayo, ni un tratado, ni una investigación de carácter académico. Bien al contrario, cada uno de sus ochenta capítulos es una invitación a la pausa, al recogimiento, a volcar la mirada hacia el paisaje interior, al encuentro con el vacío más íntimo que es —también— plenitud.

Por ello, no es un libro para leer «de una sentada».

Así como en las caminatas meditativas que realizamos en la naturaleza no se trata de «alcanzar una meta», sino de vivir en plena conciencia cada paso, cada instante, en este libro tampoco se trata de llegar al final para desvelar un misterio.

En cambio, es fácil convertirlo en una eficaz práctica de presencia, de estar «aquí y ahora» expuestos a la resonancia que el texto pueda suscitar en el momento presente de la lectura. Lo que resuene con la infinita sabiduría del corazón de cada lector, con su verdad interior, se revelará en su conciencia y será su guía.

Sugiero no leer más de un capítulo cada vez, así como volver a dedicar atención a un mismo capítulo cuantas veces el lector sienta la necesidad de hacerlo.

En gran medida, y pese a que lleva mi firma, este es un libro de autoría colectiva, pues ha nacido gracias al silencio y la quietud de las personas que, semana a semana, participan de forma presencial o virtual en las prácticas de meditación que dirijo en Barcelona. A ellos, mi más sincera gratitud.

Confío en que la lectura de esta recopilación resulte una experiencia transformadora, que ayude a explorar los rincones profundos y oscuros del ser, donde, sin duda, está la luz que necesitamos para afrontar las situaciones más difíciles de la vida.

1

Conciencia

Cuando nos sentamos a meditar, nos damos cuenta de que en algún lugar de nuestra conciencia hay niños que juegan alegres y gritan de contento; que en algún lugar de nuestra conciencia hay niños encerrados en sótanos, aterrados por el tronar de las bombas; y que hay soldados masacrando a la población civil...
Todo cabe en nosotros.
Todo cabe en nuestra conciencia.
En cada uno de nosotros caben las galaxias, las guerras y los poemas.
Nos sentamos a meditar para traer la atención a nosotros mismos, a nuestro mundo interno. Así, nos mantenemos conectados con el mundo, con la vida.
Nos sentamos —en silencio— para ver la vida tal como es.
La contemplamos con una mirada amorosa, compasiva, abierta, receptiva, que no juzga, no discrimina, no establece categorías.
Nuestro cuerpo —quieto, sentado, silente— es la encarnación de ese amor que contempla. Ese amor no nos llega de fuera: aquí y ahora nos reconocemos como fuente de amor. Nos reconocemos en nuestra auténtica naturaleza.
Ese amor infinito es lo que nos da la capacidad de acoger el mundo, las galaxias, a los niños que juegan y a los niños que mueren a causa de las bombas, a los soldados que asesinan y violan y mueren bajo el fuego.
Todo cabe en el amor.

Cabe la vida completa.

Y es así como la vida se nos presenta: completa, de instante en instante.

Cuando nos sentamos a meditar, contemplamos con amor el instante presente.

Es el amor lo que nos permite aceptarlo y acogerlo todo, tal como es.

Es el amor lo que nos permite aceptar la vida que late en cada uno de nosotros, tal como es.

Es el amor lo que nos permite decirle «sí» a la vida que encarnamos, con todas nuestras limitaciones, con todas nuestras imperfecciones, con todos nuestros miedos, nuestros apegos y nuestras aversiones.

Es el amor lo que nos permite decirnos «sí».

Es un «sí» absoluto, sin matices, sin peros, sin condiciones.

Somos ese espacio infinito, donde todo cabe.

Somos ese silencio.

Somos esa quietud.

Desde ese silencio, desde esa quietud, contemplamos el movimiento de la vida.

Vemos pasar pensamientos, vemos pasar recuerdos, vemos pasar imágenes, fantasías, deseos…

En nuestra contemplación amorosa, vemos desfilar las emociones, las sensaciones corporales…

Todos esos fenómenos los acogemos con el mismo amor. Les brindamos espacio, para que sean.

Desde nuestro lugar de quietud, comprobamos que todo pasa.

Todo cabe en nosotros.

Observamos y experimentamos la profundidad del silencio.

Observamos cuánta paz hay en este espacio infinito.

Observamos cuánta belleza hay en la quietud.

Observamos cuánto amor puede manar de cada uno de nosotros.

Observamos cuánta libertad hay en nuestro corazón.

Observamos cuánta vida hay en este instante.

2

¡Aleluya!

Cuando nos sentamos a meditar, poco a poco frenamos, vamos parando y dejando caer todo lo que cargamos.

¿Para qué?

Para —simplemente— estar aquí.

Durante horas, nuestros ojos, nuestra atención, han estado orientados hacia fuera, hacia el mundo, hacia los demás.

Ahora, nos sentamos para invertir la dirección de esa mirada, para volcarla hacia nuestro interior.

Es una mirada que no busca nada, y que por eso, porque no busca, puede verlo todo, tal como es.

Es una mirada pacífica, no inquisidora.

¿Por qué miramos hacia dentro?

Porque buscamos la vida.

Todo lo que habremos de encontrar en nuestro interior son expresiones, manifestaciones de la vida: pensamientos, imágenes, dolores, deseos, emociones, fantasías, recuerdos…

Están ahí, porque estamos vivos.

Meditar es un encuentro íntimo con la vida. Con la vida que cada uno de nosotros encarna, aquí y ahora.

Cada cosa que observamos bien podría ser saludada con un… «¡aleluya!».

Estoy pensando en la lista de la compra: ¡aleluya!

Hay un dolor en mi rodilla: ¡aleluya!

Me aburro: ¡aleluya!

¿Cómo sentirme vivo, si no me mantengo en contacto con la vida?

¿Cómo sentir la vida, si mi atención la ignora?

¿Cómo encontrar el sentido de la vida, si no tomo conciencia de lo que siento, si no abrazo lo que siento?

Cuando nos desconectamos de la vida que late en nosotros, le pedimos al mundo que nos haga sentir vivos. Es así como nos volvemos dependientes. Necesitamos más: hacer más, tener más, obtener más... para sentirnos vivos. Nunca es bastante.

Para nuestra vida cotidiana tenemos un mantra: siento sed... ¡aleluya!

Estoy cansado: ¡aleluya!

Siento rabia y frustración: ¡aleluya!

Así, la vida, simplemente —cuando tomamos conciencia de lo que sentimos—, se convierte en una celebración.

Nada de lo que siento está mal.

Todo me confirma que «soy la vida», que «yo soy».

Cualquier cosa que sentimos es sinónimo de sentirnos vivos.

Y no nos engañemos: no hay «dos» vidas.

La vida que encarno, aquí y ahora, es la misma vida que encarnan —en mí— los pintores de las cuevas de Altamira.

Si te das cuenta de que aquí y ahora respiras, también te darás cuenta de que eres los pintores de las cuevas de Altamira, y eres los peces del fondo marino.

No hay dos vidas.

Estoy respirando: ¡aleluya!

Siento molestias aquí y allá por la postura de sentado: ¡aleluya!

Siento un gozo muy profundo por el silencio de la sala: ¡aleluya!

Siento tristeza por la enfermedad de un amigo: ¡aleluya!

Siento rabia por la injusticia en el mundo: ¡aleluya!

Experimentar la vida es... experimentar su plenitud.

Preguntémonos: ¿dónde está mi atención cuando no siento la plenitud de la vida?

2. ¡Aleluya!

Aspiramos a sentir la plenitud de la vida y, paradójicamente, al mismo tiempo, rechazamos lo que no nos gusta, lo que nos resulta desagradable o doloroso. Como si, al respirar, solo quisiéramos inspirar, pero no exhalar. Como si quisiéramos sentirnos siempre sanos, siempre felices, siempre tranquilos, siempre enamorados.

La plenitud incluye —siempre— los opuestos complementarios: la luz y la sombra.

Si quiero sentirme vivo, esa mirada que vuelco hacia mi interior debe ser una mirada que no discrimine, que no genere categorías.

Si enjuicio, me niego la plenitud.

A la luz y a la sombra que veo les digo: «¡aleluya!».

3

Sembrar y cosechar

Cuando nos sentamos a meditar, nos instalamos en la postura, nos instalamos en la quietud, nos instalamos en el silencio.

Al mismo tiempo, renunciamos voluntariamente a cualquier propósito personal.

Renunciamos a «obtener», a «conseguir», a «encontrar», a «cambiar», a «mejorar»…

Nos sentamos y renunciamos al futuro, y a cualquier cosa que el futuro nos prometa.

Los campesinos trabajan la tierra y, cuando quieren producir maíz o trigo, por ejemplo, tienen que abrir la tierra, tienen que trazar un surco, una herida.

En esa herida depositan la semilla.

A través de esos mismos actos, los campesinos abren otra herida, otro surco, en el Tiempo. Y también ahí depositan una semilla: la semilla de la Esperanza.

La tierra es algo bien tangible, que se puede trabajar con las manos, que se puede oler y tocar.

El Tiempo, en cambio, solo existe en la mente de cada uno de nosotros.

Por eso la semilla de la esperanza brota muy rápido, y es como una hiedra que crece y crece, y lo invade todo.

La meditación es sembrar y cosechar, en el mismo acto, en el mismo instante.

Siembra y cosecha son lo mismo, no hay dos, porque no hay mente.

Nos sentamos a meditar y renunciamos a toda esperanza de recoger algo en el futuro, a obtener algún beneficio.

Renunciamos a todo deseo y, especialmente, a desear que las cosas sean distintas a como son ahora. Renunciamos a desear ser otro distinto de quien somos.

Cuando renunciamos a la esperanza, renunciamos a servirnos de la mente, que es donde la esperanza germina y crece.

Es una manera concreta de abrazar el instante presente.

Nos sentamos sin pretender otra cosa que estar aquí, sentados.

Sin propósito, para nada.

Todo es ahora.

Nuestra mente quiere cambiar las cosas, quiere aprender, quiere mejorar. Nuestro corazón reconoce, acepta y acoge lo que es, ahora.

Por eso, a la meditación se le llama «la vía del corazón».

Permanecemos instalados en nuestra postura de sentados, conscientes de nuestra postura, porque nuestro cuerpo nos ata al presente.

Dejamos de buscar, dejamos pasar los pensamientos.

Nuestra atención, puesta en nuestro cuerpo, nos permite tomar conciencia de la postura en la que estamos sentados. Podemos visualizar la estructura de nuestro esqueleto; podemos tomar conciencia del volumen que ocupamos en el espacio.

No buscamos nada. Todo es ahora.

Y tenemos la capacidad de explorar el ahora, permaneciendo con nuestra conciencia en él, aquí.

Es, la nuestra, una atención abierta, que no juzga, que no discrimina.

El espacio nos acoge, para permanecer sentados, respirando.

También el silencio nos acoge, invitándonos a echar raíces en él, permitiendo que nuestra paz interior se revele, se exprese.

Sembramos y cosechamos… en el mismo instante.

La vida se nos ofrece en toda su plenitud, en el momento presente.

Un instante de meditación es eterno.

El momento presente nos ofrece, también, la experiencia de la eternidad.

En el instante presente caben todos los tiempos.

Es aquí y ahora cuando se están desarrollando nuestras vidas pasadas.

Es aquí y ahora cuando escribimos y cumplimos, en el mismo instante, nuestro destino.

Simplemente, aquí sentados, manifestamos nuestra presencia; constatamos ser plenamente.

Cuando no hay mente, no hay tiempo.

Cuando no hay tiempo, no hay espera.

Cuando no hay espera, no crece la hiedra de la esperanza.

Cuando no crece la hiedra de la esperanza, tampoco hay miedo.

4

Confianza

Cuando nos sentamos a meditar, permanecemos en quietud y volcamos nuestra mirada hacia nuestro interior.

Vamos, así, al encuentro de la vida, expresada en toda su plenitud, en este instante.

Es en la conciencia de la abundancia que somos —la abundancia que es la vida, encarnada en cada uno de nosotros— donde se funda la confianza.

Podemos confiar en la vida que, en cada uno de nosotros, se reconoce y dice: «yo soy».

Podemos confiar en ella: es abundante, es inagotable.

Hace no mucho tiempo, en las Islas Canarias, se produjo la erupción de un volcán: pudimos presenciar, a plena luz del día, cómo se manifestaba la energía interna del planeta. Nada humano la podía contener.

Es en esa misma extraordinaria energía —que cada uno de nosotros comparte con el planeta Tierra— en la que podemos confiar.

Si solo nos concebimos desde una perspectiva individual, si no tomamos conciencia de quiénes somos en nuestra auténtica naturaleza, que es también la del planeta... es comprensible que desconfiemos de nuestras propias fuerzas y capacidades.

Si solo nos reconocemos como un yo separado, limitado, es comprensible que nos invada el miedo, y que solo podamos concebir la posibilidad de existir a través del esfuerzo, de la lucha.

Cuando profundizamos en la práctica de la meditación, cuando profundizamos en esa mirada hacia el interior de nosotros mismos, cuando gracias a esa práctica nos damos cuenta de que nuestra energía es la misma que hace girar a los planetas en sus órbitas, la misma que produce las mareas y hace estallar los volcanes... cuando tomamos conciencia de quiénes somos en esa dimensión que trasciende el yo individual, entonces la existencia deja de ser vista como un trabajo forzado, como un pedalear agotador cuesta arriba.

La práctica de la meditación —cuando la realizamos con honestidad, con disciplina, con amor— nos permite darnos cuenta de que la existencia también puede ser un arte.

Es decir, una expresión singular de lo que es común a todos; una expresión que fluye sin esfuerzo, que tiende hacia la belleza y la armonía entre contrarios; una expresión del origen; una emanación de la fuente.

La paradoja está en que, para tener esa conciencia, a veces necesitamos sentarnos... «para nada», renunciando a todo propósito, a toda búsqueda, a todo objetivo. Es decir: renunciando a todos los deseos y ambiciones y metas con los que se expresa el Yo psicológico.

Para encontrar lo que solo está en el instante presente, necesitamos renunciar a cualquier esperanza en el tiempo cronológico.

Por eso, nuestra práctica solo consiste en sentarnos, para nada.

Sentarnos, renunciando a «hacer para obtener».

La meditación no es algo que se pueda hacer bien o mal. No es algo que se pueda hacer.

En nuestra vida cotidiana hacemos: trabajamos, estudiamos. Nos dan puntuaciones, nos miden, nos premian o castigan. Nos dicen si lo estamos haciendo bien o mal. Nos damos puntuaciones, nos medimos, nos premiamos o castigamos.

Nos sentamos a meditar para romper con eso. Adoptamos, gracias a la meditación, un paradigma radicalmente diferente.

Al principio puede que nos sintamos confusos: no estamos habituados a vivir… para nada.

Y, sin embargo, todos tenemos experiencia de ello: basta remitirnos a cuando de verdad amamos a alguien. Amamos… para nada.

Sentarnos a meditar es un acto de amor.

Cuando amamos a alguien, en esa persona también vemos la plenitud, la abundancia de la vida.

La clave es el amor.

Cuando nos sentamos a meditar, volcamos una mirada plena de amor hacia nuestro interior; se trata de vibrar con la energía del amor.

Se trata de observar nuestras sensaciones corporales, con amor.

De observar nuestras incomodidades, con amor.

De observar nuestras emociones, con amor.

Meditar es un entrenamiento para la vida, para reconectar con nuestra esencia, que es amorosa.

A esa esencia la encontraremos —siempre— aquí y ahora, en el instante presente.

5

Templo

Cuando nos sentamos a meditar, gracias a nosotros —gracias a que lo traemos con nosotros—, llega el silencio.

Nos sentamos y, junto con la quietud, traemos el silencio. Nuestro cuerpo es el templo donde reinan la quietud y el silencio.

Para cada uno de nosotros —aquí y ahora, en cada instante— nuestro cuerpo es el lugar donde se manifiesta lo sagrado.

Es en nuestro cuerpo donde sopla el aliento vital, esa brisa que no tiene principio ni fin y que nos hace Uno con todo lo que Es.

Cuando llevamos la atención a la respiración, nos convertimos en testigos del latido, del movimiento —del ir y venir— de lo eterno.

Cada hueso de nuestro esqueleto, cada músculo, cada órgano, cada célula de nuestro cuerpo forma parte del templo que somos.

Cada célula nos pide detener nuestra marcha de pies descalzos, nos pide una inclinación reverente, respetuosa, humilde.

Cada célula de nuestro cuerpo es un lugar de oración, de recogimiento, es una manifestación de lo sagrado.

Traer nuestra atención a nuestro cuerpo físico, traer nuestra atención a este lugar donde estamos, y a este tiempo en el que respiramos, traer nuestra atención al presente… nos permite recordar nuestra auténtica naturaleza. Nos permite recordar quiénes de verdad y esencialmente somos.

Como cualquier sitio sagrado, como cualquier otro templo, también nuestro cuerpo expresa la belleza. Son infinitas las formas en que lo bello se manifiesta para maravillarnos, para mostrarnos el milagro de la existencia.

Como cualquier otro templo, como cualquier otro lugar de oración, nuestro cuerpo necesita ser cuidado, preservado, respetado.

A cada uno de nosotros se nos ha confiado un lugar sagrado. Cada uno de nosotros ha recibido la misma misión: cuidar del templo, preservarlo, honrarlo.

Disponemos de muchas maneras para no cumplir nuestra misión.

A veces es lo que comemos, lo que bebemos, lo que fumamos…

A veces es la falta de equilibrio entre el esfuerzo y el descanso…

A veces son los pensamientos tóxicos, que emponzoñan la atmósfera del templo.

Nuestro cuerpo, cuando meditamos sentados, copia las formas de una montaña sagrada.

En esta montaña hay infinitos lugares de oración.

Cuando recorremos con nuestra conciencia el interior de nuestro cuerpo… es como si realizáramos un peregrinaje por lugares santos.

Con esa actitud observamos nuestro cuerpo sentado, nuestra postura.

Esa es la solemnidad de nuestra postura.

Bien arraigados en la tierra, y la coronilla apuntando al cielo. Quietos. Silenciosos. Presentes.

Permanecemos sentados, profundizando en nuestra intimidad con el silencio, sin quitar la atención de nuestro cuerpo, sin perder esa actitud humilde, respetuosa y solemne que el templo merece.

6

¿Quién hace?

Cuando nos sentamos a meditar, nos instalamos silenciosamente en nuestra postura, y vamos familiarizándonos con ella. Es una manera de tomar conciencia de cómo estamos sentados, y de cuáles son nuestras sensaciones corporales.

Es posible que empecemos a reconocer molestias, dolores, picores, tensiones, placeres… en distintos puntos del cuerpo.

Todo está bien. En ningún lugar está escrito que debamos sentir algo preciso, o que no debamos sentir alguna otra cosa.

Meditar es observar lo que hay, darnos cuenta de lo que hay.

La práctica consiste en observar y darnos cuenta, en desarrollar una conciencia testigo.

Así como observamos nuestras sensaciones corporales, con la misma actitud de testigos observamos los fenómenos que se suceden en nuestra mente.

Descubrimos pensamientos, imágenes, recuerdos, fantasías, deseos, comentarios, ecos de nuestro diálogo interno.

Cualquier cosa que descubramos… está bien.

Aceptamos —sin opinar ni criticar— lo que hay en el instante presente.

Lo mismo sucede con nuestras emociones.

Tal vez encontremos miedo, culpa o rabia… Todo está bien.

Aceptamos lo que hay en el instante presente.

En cada instante que aceptamos, estamos aceptando —también— todo nuestro pasado y todo nuestro futuro.

Es imposible vivir de manera incorrecta o equivocada. Si nos permitimos aceptar el instante, si aceptamos que aquí y ahora todo está bien... ¿qué sentimos?

Si voy a meditar... está bien.

Si no voy a meditar... también está bien.

¿Qué siento?

Aquí y ahora, estoy viviendo exactamente lo que tengo que vivir. Esta mañana, yo no sabía que por la tarde, de camino a la sala de meditación, habría de tropezar y caerme en la calle. Pero horas después, caminando hacia la sala de meditación, tropecé y caí, en el momento exacto, en el lugar exacto. En el instante que tropecé y caí, el humano que soy se dio cuenta, tomó conciencia de lo que el Ser que soy... ya sabía.

Si me identifico exclusivamente con el humano que soy, necesito caerme para darme cuenta; tengo que «experimentar» el tropiezo... y la caída.

El Ser Humano que soy no podía elegir caerse o no caerse. Toda mi libertad se reduce a aceptar, o no aceptar, la caída; aceptar, o no aceptar, el instante presente.

¿Qué siento si lo acepto?

¿Qué siento si no lo acepto?

¿Qué experimento en el primer caso?

¿Qué experimento en el segundo?

Cada uno de nosotros siente algo, aquí y ahora.

Practiquemos: lo acepto... ¿qué siento?

No lo acepto... ¿qué siento?

Cada uno de nosotros, en este momento de la vida, está experimentando cosas agradables. ¿Qué siento si las acepto? ¿Qué siento si no las acepto?

Pongamos la atención en nuestro cuerpo.

Tomemos conciencia de nuestro peso, del espacio que ocupamos, de las distintas sensaciones corporales que podemos encontrar si hacemos una suerte de escáner con nuestra observación, nuestra atención:

¿Qué siento en las piernas, en los brazos, en la espalda, en las nalgas...?
¿Qué siento en el cuello, los hombros, la espalda...?
¿Cómo es mi respiración?
¿Qué pensamientos circulan por mi mente?
¿Siento inquietud, aburrimiento, frustración, rabia...?
¿De qué va mi bla, bla, bla mental?
¿Estoy pensando que debo añadir algo a la lista de la compra?
¿Estoy hablando por teléfono con alguien...?
Todo está bien.

Cuando empezamos la meditación, conviene llevar la atención al entrecejo y la frente, y observar si ahí hay tensión, para soltarla.

También observamos los globos oculares, y los relajamos, como si voluntariamente dejáramos de buscar con ellos, como si dejáramos de mirar.

Luego observamos la lengua y la dejamos descansar, porque voluntariamente renunciamos a todo discurso.

Vamos, pues, repasando distintos sitios y, en cada uno de esos puntos, voluntariamente... «dejamos de hacer».

Puestos a «no hacer», ni siquiera «hacemos meditación».

Renunciamos a cualquier pretensión de estar haciendo algo.

De la misma manera que no hacemos palpitar voluntariamente nuestro corazón, tampoco podemos meditar voluntariamente. El estado de conciencia al que denominamos «meditación» ya existe, no podemos «hacerlo».

Meditar es descansar del Yo que hace.

Meditar es dejar de identificarnos con el que hace.

Meditar es —gracias a esa renuncia del Yo que hace— reconocer quién soy de verdad: la observación.

¿Qué siento cuando no soy el Yo que hace?

¿Qué siento cuando me doy cuenta de que soy la observación?

¿Hice Yo mi resbalón y mi caída de esta tarde...?

7

Principiantes

Cuando nos sentamos a meditar, sin ninguna prisa, paulatinamente, entramos en intimidad con nuestra postura: observamos si en nuestras piernas hay tensión, o fatiga, o calor… Exploramos —sin juzgar— los matices sensoriales, en las distintas zonas de nuestras piernas. ¿Qué emoción hay —aquí y ahora— en nuestras piernas?

Lo mismo hacemos con la pelvis. Dejamos que nuestra mirada interior visualice y explore la pelvis.

¿Qué pasa en nuestra pelvis, aquí y ahora?

Es, la nuestra, una mirada que no juzga, que no critica, que exclusivamente… constata.

Observamos la columna vertebral. Visualizamos. Exploramos. Y, a partir de la columna vertebral, nuestra espalda, nuestras costillas, nuestro vientre...

¿Qué siento…?

¿Qué experiencia interna tengo en esta parte de mi cuerpo?

¿Qué emoción están expresando mis órganos?

¿Qué historia están contando mis brazos y mis hombros? ¿Y mis manos…?

¿Estoy cargando un peso?

¿Estoy vencido?

¿Qué energía me habita y me hace vibrar?

¿Qué energía hay en mi cuello, en mi nuca, en mi coronilla, en mi frente…?

Nos visualizamos sentados, perfectamente arraigados, anclados y conscientes de la energía que fluye por nosotros, que vibra en nosotros, conscientes del ánimo con el que estamos sentados. Renunciamos a cualquier propósito, a cualquier objetivo que vaya más allá de estar sentados.

Hoy es tal vez el primer día que nos sentamos después de mucho tiempo.

La próxima vez —tal vez mañana, tal vez dentro de una semana— será otra vez el primer día.

Y, cada día, volverá a ser la primera vez.

Sentarnos en meditación es un gesto que nos saca de la cronología, de lo sucesivo, de lo relativo, de lo que empieza y termina.

Es un gesto que conecta nuestra conciencia individual con lo que Es, en el eterno ahora.

Sin antes. Sin después. Sin comienzo, sin fin. Sin nacimiento. Sin muerte.

La práctica de meditación es una vía hacia el encuentro y el reconocimiento de nuestra auténtica naturaleza, de quienes de verdad somos, hemos sido y seremos.

La práctica es muy sencilla: simplemente estar sentados, simplemente estar de pie, simplemente estar acostados. Cualquiera de las tres posibilidades de nuestro cuerpo —que nace y muere— nos permite reencontrarnos con nuestra auténtica naturaleza, que ni nace ni muere, sino que Es.

Simplemente estar sentados. Simplemente estar de pie. Simplemente estar acostados. Nuestra auténtica naturaleza nunca nos abandona.

Está en nosotros la capacidad de realizarla en nuestra conciencia individual, a través de nuestra presencia.

Con nuestra práctica, cultivamos la llamada «mente del principiante».

Es la mente de quien siempre está en lo más bajo, siempre está empezando, y no se hace la ilusión de acumular, de crecer, de saber más, de mejorar.

El Yo del principiante siempre está naciendo, en el instante presente.

Es decir: siempre está muriendo, en el instante presente.

Muerte y nacimiento, todo es ahora. El que creíamos ser al sentarnos, hace un rato… ya ha muerto. Ese Yo, que tal vez se sentía apesadumbrado, dudoso, víctima, conflictuado, triunfador o héroe… ya ha muerto.

Cultivar la mente del principiante es «soltar» ese Yo ilusorio, es dejarlo ir, es renunciar al apego, es dejar de sufrir ahora por lo de ayer o lo de mañana, y es descubrir la vida que nace, en este instante.

El apego es una de las fuentes del sufrimiento inútil, del sufrimiento evitable. Otra fuente de ese sufrimiento es el rechazo a lo que Es, aquí y ahora. Es la no aceptación del instante presente.

Lo que Buda descubrió —sentado bajo el árbol del Bodhi— es que solo hay un 5% de sufrimiento inevitable. El otro 95% es sufrimiento inútil, fruto del apego y del deseo.

A través del apego y del deseo le ponemos condiciones a la vida. Si las cosas no ocurren como creo que deben ocurrir para que yo sea feliz… me enfado, hago una pataleta, me deprimo, me quiero morir. Sufro inútilmente.

Mi pataleta no puede cambiar lo que Es.

Mi renuncia a aceptar la vida como es no conmueve a nadie.

Cuando nos sentamos en meditación, aceptamos plenamente el instante presente, con todo lo que ese instante nos trae.

Estamos cultivando la mente del principiante.

Es una mente muy despierta, muy humilde, capaz de ver llegar y partir los fenómenos, capaz de renunciar a toda aspiración de ser otra cosa.

La profunda humildad de la mente del principiante le permite renunciar a la vana pretensión de mejorar, de cambiar, de ser otro, de obtener algo para cumplir no se sabe bien qué promesa de superación.

El tesoro de la mente del principiante ya está aquí, en el instante presente.

Todo está aquí, ahora. No hay vida más plena que la de este instante.

Tomamos conciencia de nuestro cuerpo.

Observamos la energía que lo habita, las sensaciones en las piernas, en la pelvis, en la columna vertebral, en el vientre, en el pecho, en la nuca, en la coronilla.

Observamos los ojos, la lengua…

Nos hacemos plenamente conscientes del espacio que ocupamos, del lugar de la Tierra en el que estamos sentados, siendo sostenidos, recibidos por el planeta, perfectamente arraigados en nuestro lugar, y renunciando a cualquier otra cosa que no sea lo que hay, aquí y ahora.

Cultivamos —conscientemente— la mente del principiante.

8

Silencio

Cuando nos sentamos a meditar, nos dejamos acoger por el silencio.
Nos entregamos al silencio.
Rendimos todos nuestros discursos... al silencio.
Soltamos todas nuestras narrativas en el silencio, y las observamos hundirse en él, como en un océano, como en un abismo sin fin.
Dejamos que el silencio nos habite, nos envuelva y nos atraviese.
Cada una de nuestras células, nuestros órganos, nuestros huesos, nuestra piel... se impregnan de silencio.
Con el silencio como telón de fondo, observamos el ir y venir de los pensamientos. Simplemente contemplamos cómo llegan y se van.
Observamos los espacios en blanco, los tiempos de silencio entre un pensamiento y el siguiente.
Arrojamos al silencio cualquier narrativa que empiece a formarse. Cualquier relato. Cualquier discurso.
El silencio es pura quietud, nos transmite y nos contagia esa quietud.
El silencio es un infinito vacío.
El silencio invita a callar; invita a respetar su vacío y su quietud. Invita a disfrutar de su calma.
El silencio nos invita a explorar su profundidad, su misterio.

El silencio se ofrece a nosotros, como una fuente.

El silencio es nuestro mejor modelo de plena presencia.

El silencio, con su infinitud, habita en la eternidad del instante presente.

9

Hogar

Cuando nos sentamos a meditar —cada vez que volvemos a nuestra postura de meditación—, volvemos a casa.

Permanecemos en nuestra postura, con la convicción y el sentimiento de que... ya hemos llegado.

Esta es la única meta, y ya la hemos alcanzado.

Podemos relajarnos, soltarnos, ya no hay a dónde ir.

Tomamos conciencia de cada parte de nuestra postura: de las piernas, de la pelvis, de la columna vertebral, de la cabeza...

Dejamos de buscar: ya hemos llegado.

Nuestras metas, nuestros objetivos, eran la quietud de la postura, y el silencio. Han sido alcanzados.

La postura y el silencio nos reciben como solo un hogar puede recibirnos. En esa acogida que nos brindan, todo es amor, todo es aprecio, todo es bondad. Es... un hogar.

Si llegamos al hogar sufrientes, doloridos, con miedos, somos acogidos, tal como llegamos, sin condiciones.

Si llegamos felices, alegres, ilusionados, somos acogidos, sin condiciones.

Hemos llegado a un hogar donde somos reconocidos y amados tal como somos, con lo que traemos en este momento.

El silencio y la postura —sea sentada, de pie o acostada— están siempre aquí, ahora, a nuestra disposición, acogiéndonos.

Incluso en las peores circunstancias, tenemos un hogar. Tenemos un lugar donde somos recibidos sin condiciones. Somos aceptados, acogidos.

En nuestras vidas de seres humanos nunca dejamos de estar de pie, sentados o acostados. Cuando tomamos conciencia de nuestra postura —sentados, de pie o acostados— experimentamos la presencia de nuestro hogar.

Cuando en cualquier circunstancia tomamos conciencia del silencio que somos, que nos habita y que nos atraviesa, experimentamos la presencia de nuestro hogar.

Volver al presente, tomar conciencia del instante, es volver al hogar.

Meditar es volver, conscientemente, a un lugar en el que somos acogidos con amor incondicional.

10

Voluntad

Cuando nos sentamos a meditar, nos instalamos —conscientemente— en la postura.

Tomamos conciencia de nuestra postura de sentados.

Tomamos conciencia de nuestro peso, de nuestro volumen, del espacio que ocupamos.

Tomamos conciencia de nuestro contacto con el suelo.

Tomamos conciencia plena de nuestra presencia en este lugar.

Nuestro cuerpo, ahora, es la manifestación física de nuestra voluntad de permanecer sentados, quietos, silentes. Cada fibra de nuestro cuerpo, cada célula, es la encarnación de nuestra voluntad de permanecer sentados, quietos, en silencio.

Todo en nosotros apunta hacia la quietud, y el silencio.

La voluntad de estar sentados circula por nuestra columna vertebral, nos da fuerza, nos da sostén, nos da un soporte desde el interior.

Observamos nuestro cuerpo, sostenido por la voluntad de estar sentados, de permanecer quietos, silentes.

Con la observación de nuestro cuerpo, de nuestra postura, con la conciencia de nuestra postura sentada, podemos entrar en intimidad con nuestra férrea voluntad de estar sentados.

Esa voluntad nos sostiene.

Esa voluntad no tiene ningún objetivo, ningún propósito, ninguna meta.

Esa voluntad —ese poder que nos sostiene internamente—, es del instante presente y para el instante presente.

Observamos ese poder de la presencia circulando por nuestras venas, por nuestros nervios, dándole vida a nuestro esqueleto, a nuestras articulaciones, a nuestros órganos vitales.

Nos limitamos a estar presentes en nuestra postura de sentados. Sin propósito, sin espera y sin esperanza. Sostenidos, soportados por la voluntad de estar aquí, ahora. Nuestro cuerpo nos sirve de ancla. Nos arraigamos en la postura.

Desde este punto de quietud, podemos observar el movimiento de la vida.

Observamos las sensaciones corporales que vienen y van.

Observamos las emociones que vienen y van.

Observamos los pensamientos que vienen y van.

Nada de lo que se mueve altera nuestro punto de quietud. Permanecemos sentados: para nada.

Nuestra postura es, también, la encarnación de una renuncia.

Estar sentados, permanecer sentados, expresa nuestra renuncia a cualquier expectativa. Renunciamos a realizar cualquier cambio, a emprender cualquier aprendizaje, a obtener cualquier beneficio. Renunciamos a todo lo que no pertenezca a este instante.

La voluntad de permanecer sentados —para nada— es también la voluntad de renunciar a toda esperanza, a toda expectativa, a todo propósito.

Es, por lo tanto, la voluntad de renunciar... al miedo.

En nuestra postura, en cada célula de nuestro cuerpo, vibra la energía de la aceptación plena de este instante.

Nuestra postura es una plena afirmación a la vida que encarnamos.

Nuestra postura le dice «sí» a la vida, tal como es, aquí y ahora.

Nos sentamos —nos instalamos en nuestra postura— para decirle «sí» a la vida, con nuestra voluntad de permanecer sentados, con nuestra renuncia a toda expectativa, con nuestra entrega plena al instante presente, con nuestra quietud, con nuestro silencio, con nuestra incondicional aceptación.

11

Posturas

Cuando nos sentamos a meditar —cuando nos disponemos a realizar nuestra práctica—, podríamos elegir igualmente la postura de acostados o la postura de pie.

Cualquiera de las tres posibilidades que tiene el ser humano de estar en la Tierra nos brinda la oportunidad de traer nuestra conciencia al instante presente.

Cualquier circunstancia de la vida es una inmejorable oportunidad para practicar la presencia, para poner de manifiesto —a través de nuestro cuerpo físico— la voluntad de estar aquí y de aceptar la vida plenamente, tal como es en cada instante.

Acostados, de pie o sentados podemos —conscientemente— renunciar al miedo que nos generan las expectativas, las esperanzas, la falta de presencia en el instante.

Sentados, acostados o de pie... podemos aceptar la vida tal como es, podemos acceder a nuestra esencia amorosa. Podemos abrir nuestro corazón a lo que la vida nos trae, aquí y ahora.

Practicamos una actitud, una manera de estar vivos, una intención, una postura. Aparentemente es una postura física; pero, como vemos, se trata de una postura de lo más profundo e inasible que hay en nosotros, es una postura de nuestra conciencia, es una postura de nuestra atención. Es una postura que nos alinea con nuestro corazón, que nos permite afrontar la vida desde el corazón.

La exploración de nuestra postura de sentados es infinita, y puede abrirnos a la realización de todo el caudal de sabiduría que somos.

Podemos seguir practicando esta exploración a lo largo del día, cuando estamos de pie, cuando estamos acostados.

Cada instante que vivimos es una puerta que se nos ofrece, abierta de par en par, hacia el conocimiento, hacia la sabiduría, hacia nuestra auténtica naturaleza, hacia la verdad de cada uno de nosotros, hacia nuestra esencia.

12

Creatividad

Cuando nos sentamos a meditar, nos familiarizamos con nuestra postura: nuestro cuerpo es la principal ayuda que tenemos para la práctica de la atención, porque nuestro cuerpo es prisionero de sus limitaciones físicas. Esas limitaciones son un gran tesoro en la práctica de la atención, ya que nuestro cuerpo, en este instante, «solo puede estar aquí». Si traemos la atención a nuestro cuerpo, la traemos aquí, al presente, al ahora.

Nuestra mente, en cambio, no tiene esas limitaciones en el Espacio o en el Tiempo. Puede ir al pasado, puede ir al futuro... puede ir a lugares inventados, fantaseados.

Si tomamos conciencia de nuestra postura, si nuestra atención está en lo que sentimos en el cuerpo, la atención no podrá correr detrás de los fenómenos mentales.

Para estar aquí no necesitamos ningún esfuerzo. No necesitamos ser un Yo que se esfuerza, que «tiene» que hacer algo o que «debe» hacer algo. Simplemente, estamos aquí, de instante en instante.

Observamos de qué está hecho este tiempo de meditación. Para cada uno de nosotros, en cada instante, este tiempo estará hecho de otra cosa: de otros pensamientos, de otros recuerdos, de otras fantasías, de otros deseos, de otras emociones, de otras sensaciones corporales...

Nos preguntamos y observamos: ¿de qué está hecho, hoy, mi tiempo de meditación?, ¿de qué están hechos mis instantes?

Solo observamos, sin juzgar, sin criticar. Solo se trata de darnos cuenta.

¿De qué me doy cuenta en este momento?

¿De qué está hecho este instante mío?

¿Está hecho de dolor?

¿Está hecho de rabia?

¿Está hecho de tensión?

¿De paz?

¿Está hecho de una antigua pretensión de «hacerlo bien»?

¿Está hecho de un antiguo reproche por «nunca hacerlo bien»?

La postura nos permite traer la atención al presente, a este lugar, ahora.

Bien arraigados en el suelo, bien conectados con el cielo.

La espalda recta. El mentón un poco hundido.

¿De qué está hecho este instante mío?

¿Qué hay en mi silencio?

¿De qué está hecho este rato que permanezco sentado?

¿De inquietud?

¿De prisa?

¿De aburrimiento?

¿Del deseo de volar?

¿Del deseo de tener experiencias extraordinarias?

¿Del deseo de sanar?

El instante de cada uno de nosotros está hecho de otra cosa. Somos creadores del instante. Somos creadores del minuto. Somos creadores de la hora. Somos creadores de cada día nuestro, de cada semana, de cada mes, de cada año...

Creamos cada instante de nuestra vida.

Meditar es observar de qué están hechos esos instantes: ¿de qué los hacemos?, ¿con qué materiales?

Nadie puede quitarnos la libertad de crear nuestra vida a cada instante. Pueden matarnos, pero no evitar que la creemos.

Si llevamos la atención al presente, podemos darnos cuenta de cómo estamos creando nuestra vida a cada instante.

Si nuestra atención viaja, también la estaremos creando, pero no nos daremos cuenta. Estaremos convencidos de que nuestra vida es el fruto de otras fuerzas, de algo externo a nosotros. Nos sentiremos sujetos pasivos. Y del sujeto pasivo a la víctima... hay muy poco recorrido.

A veces, pese a las condiciones externas desfavorables (el frío, la lluvia, el calor), una parte de nosotros —que no duda— quiere sentarse a meditar.

Y a veces, con las mejores condiciones ambientales, hay otra parte nuestra que no quiere venir. Lo que decimos respecto a venir a meditar, lo podríamos decir en relación con cualquier otra cosa. Por lo general, tenemos la tentación de observar esto como un conflicto que debemos resolver. Como si nuestro ideal fuera llegar a desear solo sentarnos a meditar o no sentarnos a meditar. Es un ideal que nos hace sufrir.

Hay una parte de nosotros que quiere la soledad, y hay una parte de nosotros que quiere la compañía. Cuando estamos acompañados, a veces la parte que quiere la soledad se expresa con mucha fuerza. Y a veces, cuando estamos solos, la parte que desea compañía se expresa con mucha fuerza. Y sufrimos.

Nos hace sufrir la ilusión, la creencia de que algo está equivocado en nosotros, de que algo está mal, de que algo falla y de que deberíamos encontrar una solución a ese conflicto.

No es lo que hay, o lo que es, aquello que nos hace sufrir: nos hace sufrir la creencia de que hay algo que no debería ser así, de que eso no debería estar.

La práctica de la atención, la meditación, puede ayudarnos a comprender —a través de la experiencia— cómo funcionamos y cómo creamos cada instante de nuestra vida. Puede ayudarnos a darnos cuenta de en qué medida, a lo largo del día, a lo largo de cada minuto, de cada momento, vivimos en el rechazo a lo que es, a lo que hay, incluyendo el rechazo a nosotros mismos.

La práctica de la atención puede mostrarnos hasta qué punto nuestros momentos, nuestros minutos, nuestras horas y días, semanas, meses y años… están hechos de la no aceptación de la vida tal como es.

La no aceptación plena del instante presente tal como nosotros lo creamos, con la energía del rechazo.

13

Belleza

Cuando nos sentamos a meditar, nos instalamos en la postura. Tomamos conciencia de nuestra postura.

Tomamos especialmente conciencia de su belleza; de la belleza del cuerpo quieto, silencioso, en paz.

Nuestro cuerpo —sentado, quieto, arraigado profundamente en la Tierra y apuntando hacia el cielo con la coronilla...— es una escultura.

Sobre nuestro cuerpo impactan los haces de luz.

Nuestro cuerpo sentado, quieto, en paz... es como una flor, como un árbol, como una bella roca.

Todo, en esta postura, es bello, lleno de gracia.

Nuestro cuerpo sentado, quieto, silencioso, en paz... está en perfecta armonía con el espacio que ocupa, y con los otros cuerpos.

Tomamos conciencia de nuestra intrínseca belleza.

Y tomamos conciencia de cuán necesaria es la belleza en nuestras vidas; de cuánto la necesitamos y cuánta belleza se halla a nuestra disposición.

En nuestra vida cotidiana estamos rodeados de belleza.

La belleza de la naturaleza, la belleza de una semilla, de una pluma, de un pedrusco...

La belleza de una nube.

De una sombra.

La belleza de una música, de un poema...

La belleza de una fruta, de una pompa de jabón, de un chorro de agua, de un rayo de luz.

Hay belleza en los niños, en los jóvenes, en las personas maduras, en los ancianos.

Hay belleza en una piel tersa.

Hay belleza en unas arrugas.

Hay belleza en los ojos, en las manos.

Hay belleza en los pensamientos, en las palabras...

Necesitamos de la belleza como necesitamos respirar.

La belleza de las formas nos habla de algo que no tiene forma ni se puede nombrar.

En cada cosa bella vemos, proyectada, la belleza del Ser que somos.

Necesitamos sabernos una manifestación de lo bello, de aquello que está en armonía con su entorno y con los demás.

Permanecemos sentados, quietos, en silencio, conscientes de la belleza de nuestra presencia.

En nuestra postura hay elegancia, hay silencio, hay armonía, hay equilibrio, hay nobleza.

Gracias a nuestra postura, tomamos conciencia de lo bello y del impacto que lo bello tiene en nosotros, de lo necesario que es para nosotros lo bello.

Tomamos conciencia de la belleza del silencio.

14

Autoconocimiento

Cuando nos sentamos a meditar, cultivamos la mente del principiante.

Todos hemos sido principiantes: en la escuela, en el trabajo...

Algunos hemos sido principiantes en la paternidad.

Nos resultará muy fácil reconocer, en nosotros mismos, las cualidades de la mente del principiante.

Para el principiante todo es nuevo. No tiene con qué comparar. Todo lo que está viviendo, lo está viviendo por primera vez.

El principiante está alerta, despierto, atento.

Es la suya una atención «a todo», porque todo es nuevo, todo —para el principiante— es... por primera vez.

Esa es la mente que cultivamos en meditación.

No es exclusivamente para estar sentados una hora: es para llevarla a la vida diaria, para que cocinemos cada día por primera vez; para que cada día miremos a nuestra pareja con ojos nuevos, por primera vez, con una atención despierta.

La mente de principiante se ajusta mejor a como la vida es en realidad.

La vida siempre se está ofreciendo a nuestra experiencia por primera vez, de instante en instante.

La pretensión de «ya saber» —de «ya haber visto», de «ya conocer»— es todo lo contrario a la mente del principiante: es una actitud dominada por la inercia, condenada de antemano a la repetición, generadora de hastío, de rutina.

La mente del principiante es un antídoto contra el aburrimiento, contra la rutina, contra la repetición neurótica.

Decimos que meditar —practicar la atención— es cultivar la mente del principiante. Porque meditar no se aprende. No se aprende a meditar, porque meditar no es una habilidad, no es algo que uno haga.

En la práctica de la meditación, los criterios de «hacerlo bien»... o «hacerlo mal»... no se aplican: no hay manera de meditar «bien»... o de meditar «mal».

No hay manera de meditar «bien» o de meditar «mal».

Practicamos meditación, profundizamos en la práctica para que, a través de la experiencia, podamos integrar este enfoque, esta manera de ver las cosas.

Todo en nuestra cultura va en la dirección opuesta.

Nuestro hábito, desde que nacemos, es separar entre el Bien y el Mal, juzgar, categorizar, discriminar.

En este sentido, la práctica de la meditación es un ejercicio de desprogramación. Es cultivar la mente del principiante.

Hace muchos años, en el *dojo* zen donde yo practicaba, tuve una experiencia que me lo enseñó para siempre.

Yo iba a practicar cinco veces por semana, y casi invariablemente se me dormían las piernas. Había aprendido una técnica muy sencilla para despertar la circulación, que en pocos segundos reactivaba el flujo sanguíneo y las sensaciones en las piernas.

Una tarde, cuando sonó la campana que anunciaba el fin de la meditación y que nos pondríamos de pie, yo sentí las piernas dormidas; pero, en lugar de aplicar la técnica que conocía, creí que ya era un meditador experimentado, capaz de levantarme igual, sin despertar los pies.

Sin embargo, al querer apoyar el pie para levantarme... no tuve ninguna sensación; perdí el equilibrio, me fui contra la pared, me di un buen golpe y me hice un esguince de tobillo que me tuvo un mes y medio sin poder sentarme a meditar.

Ese día aprendí que era mejor no servirme de la mente del que ya sabe.

Yo creía que —como durante años había ido a meditar cinco veces a la semana— ya había meditado mucho; creía ser un experto.

Hablar de «mucho» o «poco», en meditación, no tiene ningún sentido. En meditación no se establecen categorías.

Cada vez que nos sentamos... es la primera vez.

Y es la última vez.

No hay manera de hacer la meditación Bien o Mal. Y esta afirmación se puede aplicar perfectamente a la vida.

15

Humildad

Cuando nos sentamos a meditar, cesamos toda actividad y nos disponemos a volcar nuestra atención hacia el interior de nosotros mismos, en busca de calma, de quietud.

No nos aislamos del mundo: seguimos conscientes de nuestro contacto con la Tierra en este lugar, de nuestro contacto con el aire, de nuestra situación en el espacio. Y, al mismo tiempo, buscamos una conexión con nuestro mundo interno.

Así como en el mundo externo reconocemos fenómenos como el aire que entra por la ventana, el olor del incienso que estamos quemando, los sonidos que llegan desde la calle… podemos reconocer los fenómenos que se producen en nuestro interior.

Hay pensamientos que circulan, hay sensaciones corporales, hay imágenes, hay recuerdos, hay deseos…

Son fenómenos.

Es decir: la brisa que entra por la ventana, el olor del incienso, las voces de los vecinos… tienen un comienzo y tienen un final.

Lo mismo podemos decir de los fenómenos internos: los pensamientos, las emociones, las sensaciones… tienen un comienzo y un final.

Es evidente que el mundo externo no está constituido por los fenómenos que empiezan y terminan: hay un espacio, un «campo» en el que esos fenómenos nacen y mueren.

Es igual en nuestro mundo interno.

Habitualmente nos identificamos con los fenómenos. Creemos ser esos fenómenos. Creemos ser nuestras emociones, nuestras creencias, nuestras opiniones, nuestros dolores…

La práctica de la meditación nos ayuda a desarrollar una conciencia que es testigo de los fenómenos. Por eso decimos que la meditación es una herramienta muy poderosa de autoconocimiento.

A fuerza de practicar esta observación de los fenómenos, dejamos de identificarnos con ellos.

Conocerse a sí mismo es saber quién uno no es.

Es como si peláramos una cebolla: al final, solo queda un rastro de la esencia. Ya no podemos ver, ni palpar, ni describir la cebolla.

Al fin, acerca de nosotros mismos, la única afirmación factible es… «yo soy».

Somos conciencia de ser. Sin atributos.

En el proceso de autoconocimiento siempre estamos empezando.

El conocimiento de sí mismo es… de instante en instante.

Por eso cultivamos la mente del principiante.

Acumular conocimiento no nos sirve para saber quiénes somos.

El conocimiento de sí mismo es una experiencia del momento.

No es una teoría, ni es un discurso. Saberse a sí mismo es una experiencia, algo que se vive plenamente. Creer que uno ya se conoce equivale a perder la mente del principiante.

Es lo que me pasó cuando me caí, aquella vez, en el *dojo* zen.

Simbólicamente, para meditar siempre nos sentamos en el suelo; no hay manera de «elevarse», de subir un rango; siempre estamos en el primer peldaño.

Es una manera de transmitirnos que el camino del autoconocimiento requiere humildad. Cuanto antes renunciemos a querer aprender algo, progresar en algo, cambiar algo… mejor.

La meditación es un ejercicio de humildad.

Cuando nos sentamos a meditar, el ego se queda sin sitio para expresarse.

Y esto lo vamos a notar por la cantidad de sufrimiento que nos produzca la práctica. El sufrimiento físico, el sufrimiento psíquico, las quejas, las críticas... son otras tantas pruebas de que hemos traído nuestro Yo psicológico al cojín de meditación, y de que el ego está disputándonos el sitio.

La dificultad de la postura es una invitación a «soltar», a rendirnos, a rendir el ego, a rendir la importancia personal, a adoptar una actitud de humildad.

Por eso la postura es una postura viva, despierta, y al mismo tiempo relajada.

Cultivamos la humildad, cultivamos la mente del principiante.

16

Árbol

Cuando nos sentamos a meditar, empleamos los primeros minutos de meditación para, poco a poco, tomar conciencia de nuestra postura.

Tomamos conciencia de que nuestro cuerpo está sólidamente apoyado en la Tierra, como un árbol que ha echado raíces.

Al igual que el árbol, nosotros no necesitamos «hacer» nada.

El árbol está plantado y, simplemente, «es» árbol. No tiene que hacer nada, no tiene que realizar esfuerzo alguno, no está ahí para demostrar nada a nadie. Toda su existencia se limita a ser él mismo. Y, así, cumple su misión.

De igual manera, nosotros permanecemos sentados, sin hacer nada.

Ni siquiera hacemos meditación. Nos limitamos a «ser».

A veces vivimos creyendo que tenemos que producir, que obtener, que lograr, que aprender, que mejorar, que cambiar, que crecer… para llegar a ser, para alcanzar el ser en su condición plena.

Cuando nos sentamos a meditar, hoy, podemos contemplar que ya somos.

Completos, como el árbol, que está completo cuando en invierno ha perdido las hojas, y en primavera, cuando su copa está cubierta de flores.

Nada puede menguar nuestra plenitud de ser, y nada puede acrecentarla.

La vida no nos pide que hagamos esto o lo otro, que obtengamos una cosa u otra: nos pide que seamos quienes somos, de instante en instante, aquí y ahora.

Cuando nos sentamos a meditar, contemplamos cómo, en nuestro cuerpo, late y respira el ser.

Al igual que el árbol, no nos esforzamos, no buscamos.

Puede que el viento agite las hojas y las ramas de un árbol, pero su naturaleza es pacífica, silenciosa: esa es, también, nuestra naturaleza.

Puede que a veces nuestra mente esté agitada; puede que, otras veces, nuestras emociones estén revolucionadas.

Nuestras emociones, nuestros pensamientos, nuestros deseos... son como las ramas y las hojas. Internamente, el árbol es pura paz, puro silencio, pura quietud.

Y así, también, nuestra propia esencia.

Desde esa quietud, desde ese silencio, podemos observar el ir y venir de los pensamientos, de las imágenes, de las emociones, de los deseos, de las sensaciones corporales...

Todo se mueve en torno a ese eje de quietud que es la observación; observación sin opinión, sin juicio y que se observa a sí misma ser.

Observamos el ir y venir de la respiración, sin pretender hacer nada.

La respiración sigue su curso; nos muestra el movimiento de la vida en nosotros.

La misma vida respira en cada uno de nosotros.

Respira también en las plantas, en los animales... es la misma vida.

No hay «dos» vidas.

Cada inspiración, cada exhalación, es una invitación a tomar conciencia de nuestra verdadera naturaleza.

17

Actitud

Cuando nos sentamos a meditar, emprendemos una práctica que es uno de los incontables métodos para traer la atención al presente, para practicar la presencia. El dolor y la incomodidad física pueden ser de una extraordinaria ayuda en la meditación.

Cuando algo nos duele, es difícil distraer la atención con otra cosa que no esté aquí, ahora, en ese lugar donde ha aparecido el dolor. Lo que nos importa es observar qué tipo de atención ponemos en el dolor. Durante la meditación, ponemos una atención que no enjuicia, que no opina, que no se pelea ni confronta, que simplemente constata. Es una atención testigo.

Cuando practicamos meditación asiduamente, empezamos a descubrir qué tipo de atención prestamos a las cosas, qué nos decimos al tiempo que ponemos la atención y cuál es la actitud que adoptamos.

Por ejemplo, si practico asiduamente puedo darme cuenta de que muchas veces pienso en lo mismo, de que mi mente está ocupada por las mismas frases, por pensamientos recurrentes. Otro ejemplo: puedo llegar a reconocer mi punto de vista sobre la vida, sobre los demás, sobre mí mismo, etcétera.

Podemos constatar eso, simplemente. O podemos criticarnos, juzgarnos, machacarnos. Es decir, si practicamos asiduamente la meditación, luego, en la vida cotidiana, será más fácil tomar conciencia de cuáles son los pensamientos que ocupan nuestra mente y de cuál es la actitud para con nosotros mismos. La práctica de la meditación es también, en cierto modo, la práctica de una actitud.

Esa actitud consiste, básicamente, en permanecer atentos y aceptar lo que hay; en permanecer abiertos a todo lo que llega a nuestra conciencia, sin discriminar, sin establecer categorías.

Si noto que cada vez que pienso en algo me juzgo, me critico y me machaco… acepto eso. No me propongo cambiar. Constato lo que hay.

Estamos con lo que hay.

Nos relacionamos con eso… desde la contemplación.

18

Huracán

Cuando nos sentamos a meditar, solemos comprobar que hemos llegado a la práctica agitados interiormente por los acontecimientos de la vida; nos sentimos como si estuviéramos sometidos a la furia de un huracán.

Pero se suele afirmar que en el ojo del huracán todo es quietud.

El cielo, con sus meteoros, se parece mucho a nuestra mente.

Entonces, nos instalamos en el ojo del huracán: ese lugar donde no hay mente, donde solo hay quietud, vacío y silencio.

Sentados en silencio, quietos, encarnamos, damos cuerpo a una conciencia testigo, quieta, eterna.

Somos esa conciencia a la que el vendaval no puede agitar.

El vendaval, en nuestro caso, son las emociones, los deseos, los acontecimientos que se van presentando a lo largo del día; todos aquellos fenómenos que circulan y cambian, que aparecen y mueren.

Simplemente, contemplamos; sin juzgar, sin opinar.

Algunas personas a veces dejan de ir a la meditación por temor a la tormenta.

¿Cuántas veces en nuestra vida nos inhibimos, nos abandonamos, nos desconectamos por efecto del miedo que genera nuestra particular tormenta mental?

Cuando más tormenta hay en nuestra mente, más necesidad tenemos de volver a conectar con nuestra plena presencia.

Nuestras tormentas mentales —que tantos miedos nos generan— están provocadas por el viento que circula entre el pasado y el futuro.

Del pasado son las vivencias traumáticas de la infancia, las creencias aprendidas, los dogmas inculcados, las culpas propias o heredadas...

Del futuro son los miedos que nos provocan la incertidumbre del devenir y la certeza del final.

El ojo del huracán es... el momento presente.

Nuestro lugar de anclaje en el instante actual es... el cuerpo.

Una y otra vez, el viento de la mente intenta arrancarnos de ahora, de aquí. Cuando eso ocurre, podemos volver con la energía de la atención al cuerpo, a la postura; volvemos a observar la respiración, volvemos a tomar conciencia de las sensaciones corporales.

Volvemos a ser testigos —mudos— de que estamos aquí, ahora, sentados, en el ojo del huracán.

Nos recogemos, buscamos refugio en el ojo del huracán.

El presente es nuestro puerto seguro.

Cuanto más ruido y furia hay en el exterior, más quieto y cristalino es nuestro silencio.

Sentados, quietos, en silencio, plenamente presentes, abiertos, acogiendo lo que cada instante nos trae: ruidos, pensamientos, emociones...

Gracias a todo el movimiento externo, tomamos conciencia de que somos un espacio de quietud.

En el ojo del huracán hay paz, hay silencio, hay presencia plena.

Al ruido, a los nubarrones, a la borrasca, les ofrecemos nuestra transparencia interior.

19

Café

Cuando nos sentamos a meditar, los primeros minutos los usamos para «echar el freno» a toda la agitación —física y mental— que acarreamos de nuestra vida cotidiana.

Es como si fuéramos un vaso de café muy cargado que hubiéramos agitado con una cucharilla.

Ahora, dejamos caer esa cucharilla para que la borra del café se asiente, se pose en el fondo.

No tenemos nada que hacer.

Simplemente observamos cómo las partículas van cayendo, cómo se van depositando en el fondo.

En lugar de ver partículas de café, puede que veamos instantes, momentos de nuestro día; migajas de experiencias vividas; restos de pensamientos, de imágenes, de encuentros...

No hacemos nada por retener o empujar esas partículas, esas migajas. Simplemente, observamos cómo caen, cómo pasan…

Se van acumulando en el fondo, como si nosotros, en nuestra postura, fuéramos una especie de reloj de arena.

Todo va cayendo por su propio peso.

En la medida en que las partículas se depositan en el fondo del vaso, el agua se va aclarando, pacificando, recobrando su natural quietud y transparencia.

A veces podemos notar que algún pensamiento vuelve a agitarnos: no pasa nada. Lo dejamos caer, no nos peleamos con lo que aparece.

Lo observamos y le damos tiempo para que agote su energía.

Cuando nos sentamos a meditar, en realidad estamos cultivando una conciencia que es testigo de los fenómenos internos que se suceden. Esos fenómenos pueden ser sensaciones corporales, pensamientos, emociones, deseos, fantasías... Todo está bien.

Somos testigos sin opinión, sin juicio.

Nos limitamos a ser pura contemplación.

No tenemos nada que entender, nada que resolver, nada que solucionar, nada que cambiar.

Soltamos toda motivación personal. Simplemente, permanecemos sentados, quietos, en silencio, encarnando la contemplación de los fenómenos.

La incomodidad física o el dolor son también fenómenos que pueden caer en —y ser acogidos por— el campo de la contemplación.

Poco a poco, a medida que las partículas se asientan, cesa el ruido, cesa la agitación, y aparece una suerte de transparencia silenciosa, un espacio, una vacuidad.

Meditar es observar cómo el espacio se despeja en nuestro interior cuando dejamos caer todas las partículas que —normalmente— están en agitación, y que cada día revolvemos con la cucharilla de nuestro deseo.

Ese espacio interior es silencioso.

Nosotros nos instalamos en ese silencio.

No hacemos nada para que aparezca el silencio: es cuando dejamos de hacer que nos damos cuenta de que el silencio está ahí, siempre está ahí.

Pasa lo mismo con la paz. No se puede «hacer» la paz. Cuando dejamos de agitarnos y de hacer la guerra, tomamos conciencia de que la paz es el estado natural: ya está ahí.

No hay modo de «hacer» meditación. La palabra «meditación» intenta nombrar un estado de conciencia. Nosotros no podemos «hacer» ese estado de conciencia, porque somos ese estado de conciencia.

Cuando renunciamos a hacer, realizamos quienes somos.

La realización de quienes somos siempre es instantánea. No dura.

Somos ese estado de la conciencia que se nos revela exclusivamente en el instante presente: el conocimiento de sí mismo, la realización de nuestra verdadera naturaleza, es una experiencia del instante.

Normalmente, buscamos nuestra identidad en lo que se manifiesta: un cuerpo, una obra, una opinión, una emoción, un relato...

Sentarse a meditar, entornar los ojos, mirar hacia nuestro interior, nos permite aproximarnos a nuestra esencia, a quienes de verdad somos, a lo que no se manifiesta de nosotros: simplemente es.

Algunos maestros afirman que sentarse a meditar, sentarse a practicar la atención al instante presente es... «observarse ser».

20

Plenitud

Cuando nos sentamos a meditar, soltamos toda tensión de nuestro rostro: la frente, los ojos, los pómulos, los labios... Soltamos, también, toda carga de nuestros hombros.

La meditación es un estado de conciencia que jamás deja de estar aquí.

La meditación es un estado de conciencia que encarnamos cuando nuestra conciencia individual viene al instante presente.

Cuando nuestra conciencia individual viene al presente, experimentamos la plenitud de ser.

Aquí y ahora... somos. Y somos conscientes de ello.

No experimentamos, aquí y ahora, ningún déficit de ser.

Nos basta con estar, plenamente, aquí y ahora.

Podríamos estar sentados, de pie o acostados.

Bailando, cocinando, limpiando...

De cualquiera de esas maneras, estaríamos igualmente experimentando la plenitud de ser.

La pregunta es: ¿en cuántos momentos del día experimento la plenitud de ser? ¿Cuántos días a la semana?

La otra pregunta que podemos hacernos es: ¿qué ansío sentir que no sea la plenitud de ser?

Cada instante nos invita a saborear la experiencia de ser.

Cuando nos sentamos a meditar, aprovechamos el espacio que nos brindamos, aprovechamos el silencio que compartimos, aprovechamos la quietud, para que cada célula de nuestro cuerpo experimente en profundidad, conscientemente, la plenitud de ser.

¿Qué me falta... qué me sobra... cuando estoy viviendo esta experiencia?

¿Qué espero?

¿Qué debo hacer todavía... cuando estoy experimentando la plenitud de ser, aquí y ahora?

¿Con qué «yo» ideal puedo compararme cuando experimento la plenitud de ser?

¿Cuál es la carencia?

¿Qué más necesito, aquí y ahora, cuando estoy sentado, o de pie, o acostado, o cocinando, o barriendo, o haciendo mi trabajo y experimento la plenitud de ser?

Traemos nuestra atención, nuestra conciencia individual, al instante presente.

Nos mantenemos sentados, conscientes de estar sentados.

Respiramos, conscientes de respirar.

Experimentamos fatiga o sueño, conscientes de estar cansados, de tener sueño.

Recordamos algo del día de hoy, o pensamos algo sobre el día de mañana, conscientes de eso que pensamos o recordamos.

Experimentamos alguna molestia en el cuerpo, algún dolor, conscientes de que hay molestia, de que hay dolor.

Estamos, plenamente, aquí, con lo que hay.

Pensar, recordar, emocionarse... nada de eso impide la experiencia de la plenitud. La plenitud, por su propia condición, lo incluye todo.

La plenitud no excluye la experiencia de la injusticia, de la crueldad...

La experiencia de la plenitud incluye el paraíso y el infierno.

Degustamos la plenitud de ser, aquí y ahora.

Degustamos nuestra presencia.

Aquí y ahora, todo nuestro potencial se hace presente.

Degustamos ser... ese infinito potencial.

Tomamos plena conciencia de ser esa potencialidad sin límites. Gracias a esa potencialidad sin límites podemos ejercer la libertad de elegir quiénes somos en este instante. Observamos quién elijo ser en este instante, de entre todos los posibles.

¿Elijo ser el que se queja y se lamenta?

¿Elijo ser el carente?

¿Elijo ser el que todavía no?

¿Elijo ser el que ya no?

¿Elijo ser la víctima?

¿Elijo ser aquel en cuyo pecho anida la ambición?

¿Elijo ser un personaje cualquiera?

¿Elijo, simplemente, ser?

Estamos presentes con nuestros pensamientos.

Estamos presentes con las emociones que aparecen.

Estamos presentes con las sensaciones corporales agradables o desagradables.

Mantenemos nuestra atención amarrada al presente, a este lugar donde respiramos, a este cuerpo donde nuestro corazón late, a este cuerpo sentado.

Abandonamos cualquier actitud crítica o de juicio con respecto al presente; simplemente, estamos con lo que hay.

Y, si lo que hay es una actitud crítica o de juicio, estamos presentes con esas actitudes.

No rechazamos nada, no aferramos nada.

Estamos presentes con el ruido de nuestra mente y con nuestro silencio interno.

Simplemente, estamos aquí.

Nos entrenamos para estar con la misma calidad de presencia cuando trabajamos, cuando compartimos con amigos o con la familia, conectados al presente gracias a nuestro cuerpo, que siempre está aquí.

Permanecemos anclados en el presente, arraigados en el ahora, para disponer en este instante de nuestra plena potencialidad, para ejercer, sin temor alguno, nuestra plena libertad de ser.

21

Práctica

Cuando nos sentamos a meditar, el sonido del gong nos invita al silencio.

Nos sentamos... para hacer una lenta y profunda inmersión en el silencio.

Vamos a buscar —con la energía de nuestra atención— el silencio en nuestro entrecejo.

El silencio se expande por nuestra frente, por nuestro cráneo. Es... un espacio vacío.

Observamos que —poco a poco— nuestra frente, nuestras cejas, nuestro cuero cabelludo, se vacían de todo discurso, de toda narrativa.

No hay nada.

Contemplamos y disfrutamos de ese vacío, de ese silencio, de esa nada.

Con nuestra atención, descubrimos el silencio en el que flotan nuestros ojos.

Nuestros globos oculares flotan en el vacío, flotan en la nada.

Son ojos que no miran, que no buscan ver.

Son ojos que encuentran un infinito espacio de silencio, de calma, de quietud, de paz.

Nuestros ojos, desde que nos despertamos por la mañana, no han cesado de buscar, de moverse; nuestra mirada no ha cesado de saltar de un objeto a otro.

Y ahora, cuando nos sentamos a meditar, nuestros ojos encuentran ese momento de «no hacer», de no mirar, de no buscar.

También nuestros ojos disfrutan de ese silencio, de ese espacio sin narrativa, sin historias, sin personajes.

Nuestra masa cerebral flota en el silencio.

Nuestros ojos flotan en el silencio.

Y ahora nuestra lengua se va a encontrar en el espacio infinito del silencio.

Repasamos con nuestra mirada interna la lengua, la raíz de la lengua, la glotis, la garganta…

En esa parte de nuestro cuerpo… todo es silencio.

No hay acción.

No hay discurso.

No hay nada que decir.

Nuestros hombros suelen estar cargados de obligaciones, de culpas, de deberes.

Nuestros hombros están llenos de «tengo que».

Vamos a dejar que ellos también, ahora, floten en el silencio.

Y que todas las cargas, todos los pesos, todos los mandatos familiares, todas las culpas… caigan en un mar de silencio y liberen nuestros hombros de cualquier peso.

Observamos cómo disfrutan nuestros hombros cuando se embeben de silencio.

Vamos a permitir que nuestra columna vertebral se instale en el silencio.

Nuestras costillas, el tórax, el abdomen, cada uno de los órganos internos se dejan ganar —ellos también— por el silencio.

Todo nuestro cuerpo es silencio.

Toda nuestra materia viva se instala en un espacio sin narrativa, sin palabras.

Este baño de silencio, esta inmersión en el silencio, es una invitación a la quietud.

Esta inmovilidad en el espacio abre la puerta hacia la inmovilidad en el tiempo.

El silencio, la ausencia de narrativa, la quietud del cuerpo... nos instalan en el momento presente.

En el eterno presente.

Aquí, ahora, quietos y silentes, podemos degustar un instante sin narrativa, sin antes. Sin después.

En silencio, quietos, trascendemos la cadena de causas y efectos: todo es ahora.

No hay un porqué, ni un para qué.

Todo es ahora.

Nos dejamos disfrutar —y celebrar— la plenitud de este instante.

Observamos el efecto que tiene sobre nosotros esta inmersión completa en el presente, en este momento vacío... que es también pleno.

22

Práctica (2)

Cuando nos sentamos a meditar, el sonido del gong nos invita al silencio, a la quietud, a la contemplación, a la presencia.

La práctica de la meditación, la práctica de la atención plena es, fundamentalmente, un ejercicio de presencia.

En la práctica de la meditación no se nos pide que hagamos algo.

La práctica de la meditación se reduce a estar aquí, ahora.

¿Para qué? Para nada.

¿Por qué? Por nada.

La práctica de la meditación solo nos pide estar aquí, ahora, fuera de cualquier narrativa, liberados de todo discurso.

Liberados.

Estar aquí, ahora, disfrutando de nuestra esencial libertad.

La práctica de la meditación —la inmersión en el silencio, en la quietud— nos permite experimentar quienes realmente y de verdad somos.

Porque solo ahora encontraremos a quienes de verdad somos, en el instante presente. Liberados de toda narrativa. Liberados de un pasado que ya no es y de un futuro que todavía no ha sido.

Lo que la práctica de la meditación nos muestra y nos permite realizar no está en una sala de meditación: es eterno y está en cualquier lugar al que podamos ir.

Cada instante de nuestra vida se ofrece a nuestra atención para que descubramos y realicemos nuestra auténtica naturaleza, para que descubramos y realicemos esta libertad sin límites, este espacio sin límites, esta ilimitada potencialidad de ser.

El silencio, la quietud que encontramos en el instante presente, es nuestro hogar. Cuando nos sentamos a meditar, hemos llegado a casa. Ya está.

Podemos parar de agitarnos, podemos parar de buscar: ya estamos en casa.

Disfrutamos de estar en nuestro hogar. Hemos llegado.

Dejamos que esta estancia en el silencio y en la quietud nutra nuestra vida.

Es en nuestro hogar donde encontramos la energía reparadora, donde al fin podemos quitarnos los zapatos y la máscara.

La práctica de la meditación es, como nuestro hogar, un espacio seguro en el cual poder quitarnos todas las máscaras. Donde poder mirarnos a los ojos, sin pudor, sin vergüenza, sin culpa, sin juicios: con amor.

Nuestro silencio, nuestra quietud, nuestra atención al instante presente... son la fuente del amor.

Por eso decimos que la meditación nos abre el corazón.

Por eso la práctica sincera y sostenida de la meditación regenera nuestra autoestima.

Por eso, una práctica honesta y comprometida de la meditación nos abre a la compasión.

Y no es desde la moral, es desde un lugar de conciencia trascendente, más allá del bien y del mal.

En el espacio de meditación que abrimos cuando meditamos —y que abrimos para las personas que no meditan—, cada instante de la práctica está cargado de gratitud por la práctica.

Al principio, cuando empezamos a meditar, creemos que lo hacemos para nosotros mismos, para un Yo que se concibe separado del resto. Cuando profundizamos en la práctica, nos damos cuenta de que practicamos meditación para los demás.

Nuestra presencia —aquí, ahora, cuando nos sentamos a meditar— sostiene el espacio para los demás.

Si yo no estuviera sentado aquí, en este lugar, la persona que está a mi lado no podría estar sentada allí. Y si la persona que está sentada no estuviera allí, yo tampoco podría estar aquí.

El Yo que se sienta a meditar existe gracias a la presencia de un Tú.

Y así podríamos decirlo de cada persona que está a nuestro lado.

Estamos sosteniendo el silencio y la quietud de las demás personas.

Con nuestra práctica, estamos cuidando al otro.

La práctica nos descubre una dimensión completamente distinta del Yo: nos damos cuenta de que la hacemos para los demás.

Rendimos agradecimiento a la práctica.

Somos agradecidos con ese Tú que sostiene nuestra práctica y está a nuestro lado.

Se abre todo un universo cuando descubro que la meditación no es para mí.

Mi práctica no es para mí.

23

Muchas mentes

Cuando nos sentamos a meditar, la postura que adoptamos es un mirador, un puesto de observación.

A muchas personas les apasiona ir a observar aves en la naturaleza. Van y se instalan en miradores, en puestos de observación. Pasan horas y horas allí, expectantes, observando pájaros, reconociendo las características de las distintas especies.

Cuando nos sentamos a meditar, hacemos algo parecido. Desde nuestra postura, desde nuestro mirador, instalados en nuestro observatorio, en lugar de poner la energía de nuestra atención en el paisaje externo... contemplamos el interior.

Y, en lugar de reconocer distintas especies de pájaros, podemos reconocer nuestras distintas mentes.

Podemos hacer —como los ornitólogos con las aves— un catálogo de nuestras distintas mentes.

A los pájaros se los suele diferenciar por el tamaño, por el plumaje, por el pico... Nuestras mentes son diferenciables porque tienen distintas voces, porque tienen distintas funciones.

A nosotros, la práctica de la meditación, la práctica de la atención, nos brinda la oportunidad de reconocer nuestras mentes, nuestras voces.

En cada una de esas mentes vibra y se expresa una energía diferente.

Y en cada una de esas mentes —si las observamos sin juicio, sin opinión— podremos reconocer una cara luminosa... y una cara oscura.

Cuando hablamos de autoconocimiento, hablamos de conocer nuestras mentes, nuestras voces.

Muchas veces repetimos que la práctica de la meditación nos permite cultivar la mente del principiante. Es la mente del que nunca da nada por sabido.

En ese paisaje interno que observamos, podemos reconocer la mente del controlador, la mente del liberal, la mente del conservador, la mente de la víctima, la mente del héroe...

Cada una de esas mentes tiene una función al servicio del Yo.

Si nos permitimos abrir un espacio de escucha, si les damos la palabra, si las dejamos expresarse, conoceremos mejor sus funciones, sus objetivos, que son la razón de su existencia. No tienen otra razón de ser que cumplir su función al servicio de nuestro estar en el mundo.

Este es el sentido de que nos sentemos en nuestra atalaya, en nuestro mirador, y de que nos instalemos en el silencio.

Necesitamos de nuestro silencio para escuchar las voces de las distintas mentes, para reconocerlas, para diferenciarlas...

Cuando profundizamos en esta práctica —y, poco a poco, nos familiarizamos con esa diversidad de voces que nos habita—, ponemos mucha atención en reconocer quién habla cuando decimos «yo».

¿Yo, la víctima?

¿Yo, el héroe?

¿Yo, el controlador?

¿Quién habla cuando digo «yo»?

Vivir sin tomar conciencia, vivir sin calidad de presencia, es sinónimo de vivir identificado con esas voces.

Cuando profundizamos en la práctica, nos damos cuenta de que, en verdad, somos ese infinito espacio en el que las voces de las distintas mentes resuenan, hablan, piensan, desean y se expresan.

Cada una de esas mentes tiene una función, un punto de vista, una sola dimensión.

Somos el espacio infinito, silencioso, que acoge a todo ese coro.

Entre los pájaros y los observadores de pájaros se establece una instancia que los trasciende: la observación.

También en nosotros podemos reconocer al observador y a las mentes observadas.

Y hay una instancia que los trasciende, que los incluye: la observación.

Hay un observador de pájaros, y hay pájaros: todavía hay dos.

Pero hay una instancia que los trasciende: la observación.

Igual es en nosotros. También nosotros encarnamos una conciencia dual y una conciencia que trasciende la dualidad.

Aprovechamos el silencio para observar nuestras mentes, para escucharlas sin juzgarlas, para observar también al observador.

La mente del quejica; la mente del inquieto; la mente del crítico; la mente del sacrificado; la mente del estoico…

24

Atención

Cuando nos sentamos a meditar, lo hacemos para ejercitarnos en la presencia.

Es decir, para que no solo nuestro cuerpo esté aquí, ahora, sino también para que nuestra atención, nuestra conciencia esté presente.

Nuestra mente no está limitada por fronteras; ni temporales, ni espaciales.

Nuestro cuerpo puede estar sentado aquí, ahora, y la energía de nuestra atención puede estar viajando en el tiempo y en el espacio, corriendo tras los fenómenos mentales.

Si estoy sentado aquí, ahora, y mi atención está puesta en algo que me ocurrió el año pasado, mi realidad presente será eso que ocurrió el año pasado.

Si mi atención está puesta en algo que podría ocurrirme el año próximo, aquí y ahora estaré viviendo esa realidad de lo que supuestamente ocurrirá el año que viene.

Aquello que cae en el campo de mi atención instantáneamente se convierte en mi realidad. Emocionalmente, estaré viviendo esa realidad.

La meditación, entonces, es la práctica de la atención al instante presente.

¿Cómo hacemos para que nuestra atención permanezca en el presente?

La traemos a la experiencia sentida presente, la traemos al cuerpo.

Nuestra experiencia presente es la de estar sentados. Para sentarnos adoptamos una cierta postura. Por eso, en los primeros minutos de la práctica, siempre conviene que tomemos conciencia de nuestra postura corporal.

No se trata simplemente de estar sentados: hay una invitación a permanecer sentados... conscientemente.

¿Qué significa estar sentado conscientemente?

En pocas palabras, significa darme cuenta, enterarme de los fenómenos que se producen en mí mientras estoy sentado.

Hay fenómenos físicos: recibo noticias de ellos a través de las sensaciones corporales. Siento, por ejemplo, que se me duerme el pie derecho; siento que tengo una tensión en la frente; siento picor en un brazo; siento calor, siento frío... Detecto también olores, sonidos...

¿Qué hago —durante la meditación— con todo lo que siento? No hago nada. Constato. Desarrollo una conciencia testigo. Constato que se me está durmiendo el pie derecho: no opino acerca de eso, no critico, no intervengo.

Constato un dolor punzante en la rodilla: ni lo rechazo ni lo aferro.

Ocurren fenómenos de otro tipo mientras estoy sentado. Mi atención está aquí, ahora, y me doy cuenta de que hay procesos mentales: pensamientos, comentarios, recuerdos, deseos, imágenes...

¿Qué hago ante ellos? No hago nada. Soy testigo.

Constato que hay fenómenos en mi mente. Punto.

La atención que traemos al instante presente es una atención muy abierta que lo acepta todo, que no critica nada, que no espera ni pretende cambiar nada.

Detrás de la atención no hay ninguna voluntad de acción. No hay ningún sujeto deseando o actuando. La atención es un campo de conciencia plenamente abierto a los fenómenos que se producen, aquí y ahora.

Esta atención es un testigo que no toma partido.

Detrás de esta atención... no hay ningún Yo con su historia, su biografía, sus problemáticas.

Traemos nuestra atención al instante presente.

Traemos nuestra atención al cuerpo, a la postura.

Abrimos nuestra atención a los fenómenos que se producen en este instante. Nos convertimos en testigos de las sensaciones físicas, de los pensamientos que circulan por nuestra mente, de las emociones que experimentamos.

Es, la nuestra, una conciencia testigo.

Es, la nuestra, una atención que no juzga, que no clasifica.

Estamos desarrollando, así, un ejercicio de plena ecuanimidad.

Detrás de nuestra atención no hay ningún Yo con prejuicios, con preferencias, con deseos, con esperanzas, con aversiones.

Detrás de nuestra práctica de meditación no hay ningún Yo que «haga» la práctica.

En la filosofía china hay un concepto, *wu wei*. Se traduce a nuestra lengua como la «no acción», el «no hacer».

No es lo contrario a hacer: no significa permanecer pasivo.

Significa actuar sin poner detrás un Yo que se identifique con el que hace, que se atribuya la acción.

No diríamos: «Yo pinto este cuadro, yo limpio este suelo».

No diríamos: «Yo medito».

La práctica de la meditación es un ejercicio de máximo compromiso y mínima identificación.

Nos comprometemos plenamente en estar aquí, ahora; pero no ponemos un Yo detrás, no nos identificamos.

No identificarme con la práctica significa no traer mi narrativa personal a la práctica. No traer mis preferencias ni mis aversiones.

La práctica de la meditación nos permite descansar de nuestro Yo psicológico.

Hace muchos años, tuve un maestro que había clavado un clavo en el marco de la puerta de la sala de meditación. Y decía que ese clavo era para que, antes de entrar a la sala, dejáramos colgado el Yo, el Ego.

«En el cojín de meditación —decía el maestro— no hay lugar para el Ego».

¿Cómo nos sentimos cuando dejamos nuestra narrativa personal colgada en el clavo, fuera de la sala de meditación?

¿Cómo nos sentimos cuando dejamos a nuestros personajes fuera de la sala? ¿Qué sentimos cuando nos desnudamos, quitándonos el disfraz de víctima, de héroe, de esforzado, de estoico, de siempre traicionado, de nunca suficiente, de hipersensible, de rechazado, de no amado, de no comprendido, de rabioso, de pobrecito yo...?

No nos alcanzan los clavos para colgar tantos disfraces de personajes que arrastramos por la vida.

La práctica de la meditación es una invitación a soltar, a dejar caer, a desnudarnos, a quedarnos en la esencia.

25

Disciplina

Cuando nos sentamos a meditar, podemos cerrar completamente los ojos o solo entornarlos. Habitualmente nos sentamos a meditar después de muchas horas en las que hemos mirado cosas.

Al sentarnos a meditar, abandonamos la voluntad de mirar algo. Damos descanso a nuestros ojos.

Cuando nos sentamos a meditar es bueno instaurar algunos rituales.

Por ejemplo, confirmar que hemos dejado el teléfono en modo avión, para evitar interrupciones; encender una vela o incienso; si tenemos la costumbre de usar una alarma que nos marque el final, recordar poner esa alarma.

Son pequeños gestos. Nos ayudan a salir de nuestros modos habituales, de los automatismos, de las inercias.

También es muy importante que encontremos la postura que nos conviene. Para ello, cogeremos el cojín o la banqueta que nos vaya mejor por su altura y consistencia. Buscaremos sentarnos de una manera confortable: tal vez necesitemos una manta o una colchoneta, tal vez necesitemos apoyar la espalda.

El lugar donde vamos a sentarnos a meditar debe hacernos sentir acogidos; tenemos que mantenerlo limpio, aireado, bello, ordenado.

También conviene limpiar o purificar el aire quemando alguna hierba o resina o vaporizando aceites esenciales.

La práctica de la meditación requiere honestidad, entrega, y requiere disciplina.

En nuestra cultura, generalmente entendemos la disciplina como el cumplimiento de un deber. Desde ese enfoque, si no cumplimos nuestro deber, seremos objeto de castigo.

Observemos con atención la palabra «disciplina»: veremos que se parece mucho a la palabra «discípulo».

Cuando digo que la práctica de meditación es un ejercicio de disciplina, no me refiero al cumplimiento de un deber bajo amenaza de castigo. Me refiero a la relación que se establece entre un discípulo y su maestro.

Nadie será nunca un buen discípulo si se vincula con su maestro desde el miedo. El buen discípulo sigue a su maestro, se entrega a él, porque lo ama y se sabe amado por él.

El discípulo confía en su maestro porque se sabe amado.

Nuestra cultura nos hace concebir, también, al maestro como una figura externa a nosotros mismos.

En realidad, el maestro es la representación de una instancia superior, de un guía que es todo amor y conocimiento.

Con el desarrollo de la práctica, nos damos cuenta de que atribuimos al maestro esa dimensión amorosa y sabia que, en realidad, nos constituye, que es parte de nosotros mismos.

Somos nuestros maestros, de la misma manera que somos nuestros discípulos.

Ambas —maestro y discípulo— son instancias diferentes de la conciencia.

Visto así, la disciplina es un acto de amor ante nuestro maestro interior, ante nuestra conciencia.

No nos sentamos a meditar por miedo al castigo, por cumplir un deber o evitar una culpa: sentarnos a meditar es un acto de entrega amorosa.

Es el amor lo que nos permite trascender las dualidades. Todos tenemos la experiencia: cuando amamos, en nosotros vibra el «solo sí» o el «solo no».

Nuestro corazón no sabe de ambigüedades.

Nuestra mente sabe mucho de ambigüedades.

Cuando nos relacionamos con cualquier cosa desde la mente, en nosotros resuena un «sí, pero no». Nada es mejor fábrica de ansiedad y de angustia que un «sí, pero no».

La práctica de la meditación es una oportunidad para situarnos en el «solo sí» o «solo no».

O practicamos, o no practicamos.

Nos entregamos, o no nos entregamos.

Tanto en una como en otra opción, nos sentiremos en paz.

Respondemos con fidelidad a nuestro maestro interior: es eso que llamamos «actuar en conciencia».

La práctica de la meditación es un entrenamiento para vivir en conciencia; es la práctica de una actitud.

La práctica de la meditación es la práctica de una relación amorosa con la vida que late en cada uno de nosotros.

Visto de esta manera, la disciplina es una fuente de gozo, de alegría, de plenitud, de libertad y de confianza.

La práctica de la meditación es un observatorio. Observar nuestra propia práctica nos dará mucha información acerca de cómo actuamos, en general, en nuestra vida.

Para que la observación sea fructífera, es preciso que hagamos una observación carente de todo juicio, de toda opinión, de cualquier crítica.

La observación eficaz —cuando practicamos meditación— es la observación de un testigo que no toma partido y no tiene prejuicios, ni preferencias, ni aversiones.

Puesto que el objeto de observación somos nosotros mismos, conviene que sea honesta y, sobre todo, que no le falte una pizca de humor.

Si nos ponemos demasiado serios, rápidamente vamos a caer en la crítica, en la autoinculpación, en lo que vulgarmente llamamos «machacarnos».

Meditar no es machacarse.

Meditar nos permite desarrollar una observación amorosa y compasiva, ecuánime. Observarnos no es someternos a juicio, no es un ejercicio de autoinquisición. Quien observa, en la meditación, no es nuestra mente de cada día: es nuestro corazón.

La observación del corazón es silenciosa.

La observación de la mente es ruidosa.

Como meditar es observar con el corazón, la postura que adoptamos abre el pecho, lo dilata, nos expone.

Como la observación no es de la mente, retraemos el mentón.

Es muy difícil pensar con el mentón retraído, y es muy difícil amar con el pecho cerrado.

Practicamos meditación instalados en el silencio del corazón.

26

Sí

Cuando nos sentamos a meditar, vamos al encuentro de nosotros mismos, vamos al encuentro de quienes somos en este momento.

Por eso, volcamos nuestra mirada hacia el interior.

Volcamos una mirada amorosa, una mirada que no enjuicia lo que ve.

Podríamos decir que meditar es un tiempo que nos damos —que nos regalamos— para mirarnos a nosotros mismos desde el corazón.

La mirada del corazón es todo lo contrario a una mirada romántica.

La mirada del corazón no es ingenua.

Una mirada amorosa no ve la vida de color rosa.

La mirada del corazón ve la luz y ve la oscuridad.

Una mirada amorosa no es una mirada que idealiza. Al contrario: es el corazón el que nos permite ver las cosas tal como son.

La principal característica de esa mirada amorosa es que no discrimina: no prefiere una cosa a otra. Tampoco siente aversión por algo.

La mirada del corazón es una mirada inclusiva, integradora.

Esta es la mirada que dirigimos hacia nuestro interior cuando nos sentamos a meditar.

La meditación, entonces, puede ser considerada como una práctica de la autoestima.

Nos sentamos a meditar, dirigimos una mirada amorosa hacia nuestro interior y empezamos a comprobar que en el campo de la observación aparecen distintos fenómenos.

Aparece la incomodidad física. Aparece la inquietud. Aparecen pensamientos.

Aparecen emociones, deseos, monólogos y diálogos. Aparecen fantasías...

La mirada del corazón no discrimina, no juzga, no dice: «esto sí, esto no; tienes que; deja de...».

La mirada del corazón es la que nos permite ofrecer constantemente un espacio amoroso a todos esos fenómenos.

A todo lo que aparece en el campo de la observación, nuestro corazón —sin discriminar— le dice: «Sí».

Observemos nuestra postura física, cómo estamos sentados. Tomemos conciencia de nuestra postura y preguntémonos:

¿Está mi cuerpo encarnando esa plena afirmación?

¿Está mi esqueleto diciendo «sí»?

¿Están mis articulaciones diciendo «sí»?

¿Están mis músculos y mi piel diciendo «sí»?

¿Está mi sangre, está cada una de mis células diciendo «sí»?

Sentarnos a meditar implica encarnar una afirmación plena a la vida, en el instante presente, tal como es, con su luz y su sombra, con sus maravillas y sus miserias.

Permanecemos tan atentos al presente —para decirle «sí», para aceptar este instante tal como es— que, cuando nos sentamos a meditar, suspendemos toda cronología.

Le decimos «sí» a «este» instante.

Por eso, un instante de meditación es eterno.

Nos instalamos en nuestra postura, que le dice «sí» al instante presente.

Nos liberamos de la sucesión del tiempo.

Nos liberamos de las tristezas, de las quejas, de los rencores del pasado y de los miedos del futuro.

Con todo nuestro corazón, le decimos «sí» a este instante de vida que está latiendo en nosotros.

Sentarnos a meditar es mirar con el corazón; es decirle «sí» al instante presente; es... saborear lo eterno.

Sentarnos a meditar es renunciar a toda espera y a toda esperanza.

Todo lo que la vida puede darnos en este instante ya está aquí, ahora.

Decirle «sí» a la vida, tal como es, en este instante, es la mejor manera de apreciarla, de vibrar en la energía del aprecio.

Cada uno de nosotros es la vida en este instante.

Decirle «sí» a la vida en este instante —cualesquiera que sean las circunstancias— es una fuente de autoestima.

Permanecemos sentados, quietos, silentes, observando nuestra postura y verificando que cada célula de nuestro cuerpo le esté diciendo «sí» a la vida en este instante, tal como es.

Traemos la atención a nuestra postura. Traemos la atención a nuestro cuerpo físico, que está arraigado en el presente. Lo que sentimos —sea agradable o desagradable— lo estamos sintiendo... ahora.

Traemos la atención al cuerpo para permanecer conscientes del presente.

Observamos los fenómenos que se producen en nuestro cuerpo, con los ojos del corazón, con esa mirada inclusiva, amorosa, compasiva, que a todo dice «sí», que no discrimina, que no juzga, que no rechaza ni retiene.

Hacemos, de nuestra postura, una afirmación; una afirmación plena al instante presente.

27

Zapatos

Cuando nos sentamos a meditar aquí, en este lugar, tenemos la experiencia de estar sentados, ahora, en este lugar.

En nuestra mente hay muchos otros tiempos y otros lugares.

En este lugar en el que estamos sentados, ahora, no hay mente.

Cuando no hay mente, solo estamos sentados, ahora, en este lugar.

Cuando no hay mente, tampoco hay un Yo que se identifique con la mente y sus fenómenos.

Cuando no hay mente, no hay propósito.

Solo permanecemos sentados —en este lugar, ahora— sin contenidos, sin propósitos.

Podemos imaginar que hemos dejado —más allá de la puerta de la sala de meditación— los motivos por los que hemos venido.

Hemos dejado fuera los deseos que nos han traído hasta aquí.

Cuando nos sentamos a meditar, solo estamos sentados, ahora, en este lugar. No hay más historia.

Todo lo que podía caber en «antes de estar sentados» ya fue, no existe.

Todo lo que puede caber en «después de estar sentados» todavía no existe.

Nuestra atención ignora todo lo que fue y todo lo que será.

Nuestra atención está en lo que es, ahora, aquí.

Lo que es no transcurre, no pasa. Nunca ha empezado, nunca terminará.

La mente que hemos dejado fuera de la sala, con sus fenómenos, es vital para nosotros. Pero no nos sirve como instrumento de autoconocimiento. La mente que hemos dejado fuera de la sala nos muestra y nos describe un Yo nacido, formado en el tiempo, y que va a morir. Es un Yo muy adecuado para vivir en el tiempo cronológico. Ese Yo está hecho de una narrativa, de unas imágenes, de unos recuerdos, de unos deseos. Sin él —sin su apariencia de realidad—, nuestra experiencia en el mundo sería inviable.

Pero ese Yo que existe en nuestra mente —y que *solo* existe en nuestra mente— es un obstáculo para que experimentemos nuestra auténtica naturaleza, nuestra identidad más profunda.

Por ello, lo dejamos más allá de la puerta y nos contentamos con permanecer sentados, sin mente, perfectamente instalados en el instante presente.

De alguna manera, cuando dejamos los zapatos —antes de entrar a la sala— estamos simbolizando (con ese gesto de dejar los zapatos) que ahí depositamos nuestra mente, que acumula tiempo y experiencias.

Y, con ella, dejamos a nuestro pequeño Yo, nuestro Ego, nuestro Yo psicológico.

Vamos a necesitarlo al salir, de la misma manera que necesitaremos calzarnos otra vez nuestros zapatos.

Por eso, en el zen se suele decir que, observando cómo has dejado tus zapatos, se puede conocer el estado de tu mente: la calidad de la atención, la calidad de la presencia con que uno hace cada gesto.

Muchas veces nos descalzamos por hábito. Y, aunque caminamos descalzos hasta el cojín de meditación, traemos con nosotros nuestra mente.

En esos casos, la calidad de nuestra presencia es muy escasa o nula.

Permanecemos sentados, pero nuestra atención no está aquí, en este instante. Nuestra atención —y la energía que lleva— se pierde en los laberintos temporales y espaciales de la mente.

En esos casos, es imposible contactar con la paz, con la compasión, con el amor que le son propios a nuestra auténtica naturaleza, con eso que los orientales llamaban «la budeidad».

La presencia de la mente, con su Yo psicológico, es la que nos impide tomar conciencia de nuestra eterna budeidad, lo que de verdad somos, nuestra esencia. Esencia que está eternamente presente, y que se oculta a nuestra conciencia tras el velo de las proyecciones de la mente.

Nos encontramos, pues, ante la que tal vez sea la más extraordinaria paradoja de nuestra existencia: la mente, que hace posible nuestra experiencia en el mundo, es el velo que oculta nuestra esencia, nuestra auténtica naturaleza.

La práctica, entonces, consiste en quitarnos los zapatos antes de entrar a la sala de meditación.

Con ellos, abandonamos en un lugar seguro nuestro Yo psicológico, nuestra narrativa personal, nuestras ambiciones, nuestras expectativas, nuestros miedos. Abandonamos la mente que nos sirve para andar por el mundo, con sus virtudes y sus miserias.

Nos sentamos en el cojín y esperamos a que esa *otra* mente se exprese, hable.

A esa *otra* mente podríamos llamarla «la mente del Buda»; algunos la denominan «la gran mente»: todos somos esa gran mente, todos somos esa fuente de conocimiento.

Cuando nos sentamos a meditar, dejando la mente más allá de la puerta, realizamos una práctica de la presencia.

Cuando escuchamos desde la Gran Mente, todas las palabras nos parecen propias, conocidas, evidentes. No es una escucha analítica, reflexiva...

Cuando nos sentamos a meditar, todo se limita a permanecer sentados, silentes, quietos, descalzos, habiendo depositado nuestra pequeña mente cotidiana más allá de la puerta.

28

Conscientes de ser

Cuando nos sentamos a meditar, nuestros ojos permanecen cerrados o entornados. Los párpados caen por su propio peso; no hacemos ningún esfuerzo. Nuestro entrecejo está distendido, relajado.

También nuestra lengua descansa. El simple hecho de llevar nuestra atención a las cejas, al entrecejo, a los globos oculares en sus cuencas, a la lengua… produce una distensión. Lo mismo pasa con el maxilar inferior, con la garganta. Lo mismo con nuestros hombros.

Soltamos.

Todos hemos escuchado o leído cosas acerca de la meditación. Incluso, en algunos casos, hemos hecho alguna práctica.

Cuando nos sentamos a meditar, dejamos caer todo eso, como si lo echáramos todo a la papelera.

Permanecemos sentados, quietos, en silencio, sin ninguna idea acerca de estar sentados, quietos y en silencio.

Permanecemos aquí, ahora, sentados, sin ningún discurso que justifique o que motive el estar sentados.

Permanecemos sentados, quietos, en silencio, para nada y plenamente conscientes de estar aquí sentados.

Somos conscientes de nuestra postura.

Somos conscientes de las emociones que experimentamos.

Somos conscientes de los pensamientos que circulan por nuestra mente.

Somos conscientes de las sensaciones físicas que experimentamos: tensiones, ardores, dolores, picores.

Somos plenamente conscientes de estar aquí, ahora, sentados.

Nuestra atención es testigo de todos esos fenómenos —físicos, mentales, emocionales— que se van sucediendo.

Hemos abandonado toda ambición, todo deseo, cualquier ansia de rédito, de ganancia por el hecho de permanecer sentados.

Sentarnos —aquí y ahora, en silencio— es un acto completamente gratuito.

Hemos renunciado a obtener algo.

Hemos renunciado al futuro.

Nos estamos entrenando en el arte de vivir el instante presente.

Cuando renunciamos al futuro y abrazamos el presente, renunciamos también al pasado. Dejamos de identificarnos con una historia, con una narrativa.

Sentados aquí —quietos y en silencio—, cada uno de nosotros toma conciencia de ser ahora, sin historia, sin narrativa, sin cronología.

Tomamos conciencia de ser plenamente, aquí y ahora.

No necesitamos contarnos una película de la cual somos protagonistas.

No necesitamos hacer algo.

No necesitamos lograr algo.

No necesitamos poseer algo.

No necesitamos aprender algo.

Ya somos, plenamente, aquí y ahora.

Siempre hemos sido. Siempre seremos, aquí y ahora.

Nunca hemos empezado a ser; nunca podremos dejar de ser, aquí y ahora.

Sentados, quietos, en silencio, podemos degustar lo eterno, lo que trasciende al tiempo cronológico.

Este instante eterno acoge nuestra presencia.

Relajamos el entrecejo y los globos oculares en sus cuencas. Soltamos toda tensión en nuestro rostro. Mantenemos la nuca recta, alineada con la espalda; la frente plana; el mentón un poco retraído.

Todo eso nos despierta y despierta también nuestra conciencia. Nos permite estar «realmente» aquí.

Nuestra atención puede perseguir nuestras divagaciones, como un niño persigue a una pelota. Para que nuestra atención no vaya detrás de nuestras divagaciones hacia momentos del futuro y momentos del pasado, la arraigamos, la anclamos en el instante presente, trayéndola a nuestro cuerpo.

Nuestro cuerpo, constreñido por las leyes de la física, no se puede ir de aquí.

Nos aprovechamos de él para traer la atención a este lugar. Traemos la atención a este lugar, traemos la atención al cuerpo.

Es, la nuestra, una atención abierta, disponible; una atención que no juzga, que no prefiere una cosa o la otra. Es una atención testigo, que no toma partido, que no discrimina entre lo agradable y lo desagradable.

Esa es la atención que traemos al cuerpo: una atención abierta a todo lo que vamos experimentando, para asegurarnos de permanecer atentos al instante presente.

Ahora siento dolor en la rodilla.

Ahora se me duerme un pie.

Ahora me siento aburrido...

Sin discriminar nada.

Nuestra atención acepta el instante presente tal como es.

Somos conscientes de nuestra postura.

Somos conscientes del espacio que ocupamos.

Somos conscientes de nuestro peso.

Somos conscientes de nuestras emociones, de nuestros pensamientos... aquí y ahora.

Hemos abandonado toda búsqueda, toda espera, todo propósito.

Hemos renunciado a todas las narrativas con que solemos identificarnos.

Nos mantenemos sentados, quietos y silentes, en este lugar, libres de toda cronología, plenamente conscientes de ser, aquí y ahora.

29

El silencio

Cuando nos sentamos a meditar, el silencio nos permite reconocer los monólogos y los diálogos que circulan en nuestro interior.

En la vida cotidiana, solemos identificarnos con esas voces, con esos discursos. El silencio es el fondo; los discursos son la figura.

Habitualmente, nos identificamos con esa figura: creemos ser nuestra conversación interior, nuestro bla, bla, bla.

La meditación nos permite invertir la identificación: podemos reconocernos en el silencio, identificarnos con él, saber que somos el silencio.

Cuando nos reconocemos en el silencio, nos acercamos a nuestra auténtica naturaleza.

Cuando nos reconocemos en el silencio, podemos experimentar su calma, su profundidad, su infinitud, su eternidad.

Hundirnos en el silencio, abrazarlo, entrar en intimidad con él, es hundirnos en nosotros mismos, es abrazarnos, es entrar en nuestra más profunda intimidad.

Cada noche, cuando dormimos profundamente y sin sueños, todo es silencio. Nos hundimos en el silencio, viajamos a la fuente.

Necesitamos ese silencio tanto como necesitamos el aire o el agua.

Sin ese dormir sin sueños es fácil perder la cabeza. Nuestro organismo físico se desarregla fatalmente. Nuestro sistema inmunitario se altera. Todo se trastorna si no abrevamos en la fuente, en el silencio. Nuestras células y nuestros tejidos lo necesitan. La meditación nos permite ir a la fuente, plenamente despiertos, plenamente conscientes.

Nada nos brinda un espacio más propicio a la intimidad con nosotros mismos que el silencio.

El silencio puede proporcionar alivio para los dolores del cuerpo y las incomodidades de la postura en que meditamos.

Lo que nos hace sufrir no es el dolor o la incomodidad; es el comentario, el ruido que las acompaña.

Si observamos con atención esos comentarios, nos daremos cuenta de que no se refieren al dolor o a la incomodidad que estamos experimentando, sino que se refieren a un Yo.

Un Yo que «posee» un cuerpo, un Yo que experimenta el dolor.

Dejamos entrar silencio ahí donde ahora están los comentarios.

Observamos cómo, gracias al silencio, se acrecienta la distancia entre nosotros mismos y el dolor físico o la incomodidad.

Nos hundimos en el silencio.

Vamos a conectarnos con la fuente.

Observamos el silencio que habita en nuestro cuerpo: el silencio que hay en nuestros ojos, el silencio de nuestra nuca...

Observamos cuánto silencio hay en nuestros hombros...

Observamos el silencio en nuestra espalda...

Todo nuestro cuerpo sumido en la mudez, en el vacío, en el infinito silencio.

30

Todo es ahora

Cuando nos sentamos a meditar, cerramos o entornamos los ojos... para ver.

Cerramos los ojos o entornamos los párpados... para evitar el engaño de nuestra percepción.

Nos sentamos a meditar para contemplar lo que nuestros ojos físicos no pueden, no saben ver.

Todo lo que nuestros ojos físicos perciben... representa un obstáculo para nuestra mirada interior. Nuestros ojos físicos siempre encuentran «algo».

Nos sentamos a meditar para contemplar la nada, el vacío.

Cuando nos sentamos a meditar buscamos el vacío, buscamos el silencio, como una manera de encontrarnos a nosotros mismos.

Nada de lo que vemos con nuestros ojos físicos es lo que buscamos. Porque no buscamos un objeto.

Sentarse a meditar es ir al encuentro de la vida en el instante presente. Lo único que buscamos, cuando nos sentamos a meditar, es «estar aquí».

Practicamos la experiencia de «estar aquí».

Si nuestro cuerpo está aquí, sentado, pero nuestra atención se ha ido de viaje, no estamos plenamente aquí.

En el plano físico, somos nuestro cuerpo. Eso es lo que ven nuestros ojos físicos: el plano de lo que se manifiesta.

En el plano de lo que «no se manifiesta», que no se puede ver ni tocar, somos la atención.

Meditamos para entrenarnos, para que lo manifiesto y lo no manifiesto coincidan en el mismo instante, en el mismo lugar.

La práctica de la meditación no es del orden del «hacer».

Estamos habituados a «hacer». Estamos habituados a reconocernos como un «Yo que hace»: un Yo que trabaja, un Yo que piensa, un Yo que gana o pierde… De ahí que tengamos la creencia de que también somos «un Yo que medita».

No hay un Yo que medite.

El Yo hombre, Yo mujer, no se sienta en el cojín de meditación.

En el budismo zen, suele decirse que quien se sienta en el cojín de meditación es el Buda.

El hombre y la mujer pertenecen al plano de lo manifiesto: se puede ver, se puede tocar. Buda es nuestra auténtica naturaleza, pero no se manifiesta a nuestros ojos físicos, no se manifiesta a nuestro tacto. Es lo que llamamos nuestra auténtica naturaleza, nuestra esencia. Solo podemos experimentarla.

Cuando decimos «Buda», hablamos de una conciencia plena, de un vacío que es también plenitud; de una dimensión que trasciende toda dualidad. Hablamos de un espacio infinito, de un conocimiento infinito, de un amor infinito.

Siempre «es».

Siempre somos Buda.

Para verlo, cerramos los ojos o entornamos los párpados y nos dejamos hundir en el silencio, en el vacío que es, también, plenitud.

Cerramos los ojos o entornamos los párpados para ir al encuentro de la vida en este instante.

Dejamos fuera del cojín el Yo que hace, el Yo que medita, el Yo que desea, el Yo que quiere cambiar, que quiere aprender, que quiere mejorar.

Comprobemos la ligereza que se produce cuando ese Yo que hace, que busca, que desea, no está en el cojín.

De pronto, no tenemos nada que hacer, nada que encontrar, nada que cambiar, nada que aprender, nada que mejorar.

De pronto, todo lo que tenía que ser, ya es.

Ya hemos llegado.

Permitámonos experimentar la dicha de haber llegado.

Permitámonos experimentar qué es permanecer aquí… para nada.

Este instante ya es completo.

Permitámonos experimentar, conscientemente, la plenitud de este instante, tal como es.

Imaginemos cómo puede ser vivir todos los instantes —que son plenos— con esta conciencia de estar experimentando la plenitud.

Todo es ahora.

Contemplamos la vastedad del paisaje interior cuando el Yo que hace no está en el cojín; cuando el Yo que busca, el Yo que desea, el Yo que se propone… no está en el cojín de meditación.

Observamos cómo nos sentimos cuando en el cojín no se sienta el hombre o la mujer, sino el Buda.

No es que dejemos de ser un hombre o una mujer, solo que no lo traemos al cojín de meditación. Y no lo traemos… conscientemente.

Nunca en la vida dejamos de ser un hombre o una mujer. Nunca dejamos, tampoco, de ser Buda.

En nuestra vida cotidiana, con los ojos abiertos, nos cuesta reconocer que, en el sofá, en la silla de una cocina o en el váter… también se sienta Buda.

Lo no manifiesto, esta dimensión trascendente, siempre está aquí, ahora.

Nuestros ojos abiertos, nuestros oídos, nuestro tacto, las proyecciones de nuestra mente, generan un velo que nos oculta la presencia del Buda.

Nos sentamos en un cojín de meditación para entrenar esa mirada interna, esa conexión con lo no manifiesto, esa dimensión de nuestra conciencia que trasciende toda dualidad.

Cerramos los ojos o entornamos los párpados para evitar que la apariencia nos impida conectar con la esencia.

31

Otoño

Cuando nos sentamos a meditar, poco a poco vamos dejando caer lo que traemos: la agitación de un largo día; nuestras ocupaciones profesionales o domésticas; diferentes pantallas y aplicaciones; relaciones…

Cuando nos sentamos a meditar, somos como un árbol que, en el otoño, va dejando caer sus hojas.

Buscamos esa misma desnudez; buscamos la esencia.

Dejamos caer la apariencia.

Dejamos caer todo lo que puede haber en nuestro entrecejo y que aparece como la experiencia de una tensión.

Soltamos todo lo que pueda estar tensionando nuestro entrecejo, nuestra frente, nuestro cuero cabelludo, nuestra nuca.

Aflojamos toda tensión en los huesos del cráneo y dejamos que nuestra masa encefálica flote libre, ligera.

Soltamos también nuestros globos oculares y toda voluntad de mirar.

Nuestros globos oculares se vuelven blandos y flotan en sus cuencas

Nuestros párpados caen, sin fuerza.

Soltamos —como si de una hoja seca se tratara—, todo lo que puede haber en nuestra lengua: toda voluntad de decir, de hablar, de comentar, de articular.

La raíz de la lengua, la glotis, la garganta… todo pierde peso.

Lo mismo ocurre en nuestros hombros: dejamos caer todo peso, dejamos de cargarlos.

El árbol no retiene sus hojas muertas. No se apega a ellas.

No nos apegamos —nosotros— a nuestros discursos, a nuestras narrativas, a nuestro personaje.

Aprovechamos este tiempo que nos regalamos para quedarnos en el hueso.

En el budismo zen, para explicar la actitud que adoptamos para meditar, se suele decir que nuestra columna vertebral es como el bastón que un viajero anónimo clavó en el suelo. El resto de nuestro cuerpo —músculos, piel, tendones— sería como un trapo que otro viajero que pasó por allí colgó en ese bastón.

En este cuerpo nuestro —que permanece sentado— no hay ninguna historia.

Dejamos caer todas nuestras historias, como el árbol deja caer sus hojas.

Imaginamos que somos un árbol, despojado de todas sus hojas.

Imaginamos que, a nuestro alrededor, llevadas por el viento, están todas las hojas referidas a nuestra infancia, todas las referidas a nuestra familia, todas las referidas a nuestros amores, a nuestros amigos, a nuestros estudios, a nuestros pasatiempos, a nuestros trabajos...

Todo vuela con el viento.

No aferramos nada.

Nos quedamos en el hueso, desnudos, sin historia, en la médula.

No hay ninguna hoja que represente un peso, una incomodidad, una rémora, una opresión, un bloqueo...

Y, sin embargo —como el árbol en otoño, despojado de sus hojas—, nos sentimos plenamente vivos, plenamente presentes, íntegros, pura esencia, sin apariencia.

Permitimos, a cada una de nuestras células, el disfrute que nos produce simplemente ser quienes somos, aquí y ahora, despojados de toda máscara, de todo disfraz.

Disfrutamos de esa ligereza, de esa firmeza, de ese silencio, de esa paz y de la plenitud de la desnudez, del despojamiento, del vacío.

En otoño, el árbol deja de vivir para la mirada de los demás: se despoja de todos sus atractivos para dedicarse un tiempo de intimidad, de recogimiento.

En otoño, el árbol nos está indicando que es tiempo de «soltar», de dejar ir.

Preguntémonos: ¿qué es eso que ya está muerto en mi vida, pero sigo aferrando?

¿Qué es lo que necesito soltar para entrar en intimidad con mi fuerza vital, con mi esencia, con mi savia?

Cuando pensamos en soltar, solemos referirnos a objetos, a relaciones, a ocupaciones, a ciertos hábitos.

Todos esos objetos, esas relaciones, esos hábitos, esos lugares, esos trabajos son, en realidad, manifestaciones de mi ego, de quien yo creo ser.

No estoy apegado a un objeto, sino a una ilusoria identidad: «propietario de ese objeto».

Las hojas secas del árbol representan esos aspectos ya muertos de nuestro ego, de nuestra falsa identidad.

Es esa apariencia —eso que parece ser Yo— lo que necesito soltar para encontrarme con mi verdadera naturaleza, con quien de verdad soy, con mi esencia.

El árbol no es menos árbol en otoño.

El árbol no es más árbol en primavera.

Nos sentamos a meditar, inspirados por la actitud del árbol en otoño, para experimentar el desapego, la desnudez.

Nuestro ego volverá a brotar. Son ciclos.

Nuestra vitalidad también se expresa en el nacimiento de nuevas hojas, en el crecimiento de nuevas ramas, en la generación de una nueva apariencia, de una nueva ilusión.

El árbol necesita por igual despojarse de sus hojas muertas en otoño... y brotar en primavera y renacer, darse una nueva apariencia.

Ni la frondosidad ni la desnudez son permanentes.

La ilusión de un Yo vuelve a nacer en nosotros, para que volvamos a soltarla.

Como al árbol, la vida nos ofrece muchas vidas, muchas apariencias, diferentes narrativas. Solo permanece la esencia.

El árbol, a veces, parece un pequeño arbolito joven. Años después, parece un robusto árbol maduro. Es el mismo árbol.

En el budismo zen, los monjes —periódica y ceremoniosamente— se afeitan la cabeza. Es para recordar que la ilusión del ego vuelve a crecer, como el pelo.

Cada cierto tiempo necesitamos volver a cortarlo. No basta con afeitarse la cabeza una vez.

La ilusión vuelve a crecer, vuelve a brotar. La apariencia vuelve a reverdecer.

Siempre estamos volviendo a empezar.

Siempre estamos respirando por primera vez.

En la experiencia humana nada es permanente.

Practicar meditación es la práctica consciente de «dejar ir», de «dejar caer».

Dejar caer nuestra falsa identidad.

Dejar caer nuestra máscara.

Quedarnos, pura y exclusivamente, en lo que es.

Sin apariencia.

Pura esencia.

32

Renuncia

Cuando nos sentamos a meditar, observamos pasar los pensamientos... como quien observa pasar las nubes en el cielo.

Adoptamos una actitud contemplativa: no rechazamos ni aferramos ningún pensamiento.

A veces necesitamos parar para reflexionar, para analizar. Pero, cuando nos sentamos a meditar, no tenemos nada que analizar, nada que entender, nada que reflexionar. Porque no tenemos un objeto con el cual hacer algo.

Es como si nos sentáramos en una sala vacía: no hay muebles, no hay libros, no hay dispositivos electrónicos.

No hay nada.

No hay ningún objeto.

Solo hay un sujeto, consciente de estar aquí, ahora.

Nuestra práctica se limita a estar conscientes aquí, ahora.

Digamos que somos ese cielo vacío, que siempre está ahí. En el cielo a veces pasan nubes; por nuestra mente cruzan pensamientos, frases, imágenes, deseos, fantasías, recuerdos.

Son fenómenos pasajeros, como una nube, como un trueno, como la nieve cuando cae.

En algún momento empiezan y en otro momento terminan.

El cielo, en cambio, siempre está ahí, imperturbable, vacío, ofreciendo un espacio para los fenómenos, para lo transitorio, para lo no permanente.

El cielo no dice: «tengo que impedir que haya nubes».

Lo natural es que, en ese espacio, se produzcan fenómenos.

Nosotros, que somos ese cielo, nos limitamos a ver llegar, ver pasar, ver partir los fenómenos, los pensamientos.

En esa sala vacía —sin objetos—, donde solo estamos sentados, se cuelan imágenes, pensamientos... No oponemos ninguna resistencia.

No tenemos una opinión.

No tenemos una preferencia o una aversión.

Cuando vemos que aparecen pensamientos, constatamos su presencia y los dejamos pasar.

Nos limitamos a estar conscientes, aquí y ahora, sin objetos y sin objetivos.

A lo largo del día no paramos de perseguir objetivos.

Muchas veces, incluso nos sentamos a meditar con un objetivo. Tal es nuestra inercia.

Hemos perdido la capacidad de vivir... «para nada».

Como si estar vivo, saberse vivo, experimentarse vivo, no fuera suficiente.

Y da igual si el objetivo es ganar dinero, ser famoso, ser apreciado o cumplir una misión trascendental. Todo necesitamos transformarlo en objetivo.

Nos cuesta apreciar —en toda su profundidad— el simple hecho de estar vivos y ser conscientes de estar vivos.

Cuando nos sentamos a meditar, aquí y ahora, permanecemos sentados, en silencio, quietos: para nada.

Sin ningún objetivo ulterior.

Esta renuncia —a obtener algo, a alcanzar algo— es la puerta que el instante presente nos ofrece para acceder a la plenitud, a la paz interior, al sentimiento de unidad con todo lo que existe.

En otras palabras: para acceder al conocimiento de quienes de verdad somos, a la realización de nuestra auténtica naturaleza.

Simplemente, permanecemos sentados, conscientes, aquí y ahora.

¿Qué sentimos cuando —conscientemente— renunciamos a obtener algo, a cambiar algo, a mejorar algo, a aprender algo?

¿Cuánto espacio se libera en nuestro interior cuando experimentamos esta renuncia?

¿Qué magnitud se nos revela en el instante presente, cuando renunciamos a todo objetivo y nos permitimos vivir este instante plenamente, en profundidad, hundiéndonos en él?

¿Qué sentimos, qué experimentamos en nuestro cuerpo, cuando —gracias a esa renuncia— vivimos plenamente este instante?

Nos sentamos para estar sentados.

Respiramos para respirar.

Renunciamos a querer «hacer algo» con nuestros pensamientos.

Renunciamos a toda idea de capitalizar el vivir.

Toda nuestra atención está en el instante presente.

¿Cuál es la energía que vibra en cada uno de nosotros cuando abrazamos el instante presente, cuando renunciamos a todo objetivo, a toda expectativa, a toda ganancia, a todo lo que puede ser recogido «después»?

Los pensamientos nos invitan a correr detrás de ellos, como las sirenas —con su canto— invitaban a Ulises y a los tripulantes de su barco a que se acercaran a las costas.

Las sirenas arrastraban a los marineros hacia el naufragio, hacia la muerte.

Los pensamientos nos tiran el anzuelo para arrastrarnos hacia el futuro y hacia el pasado; para arrastrar nuestra atención y arrancarla del instante presente.

Ulises demostró su astucia al vencer e imponerse a la trampa que le tendían los dioses. Hizo tapar con cera los oídos de todos sus marineros y les ordenó que, a él, lo ataran fuertemente al palo mayor de su nave.

La sabiduría de Ulises consistía, sobre todo, en conocer su vulnerabilidad.

Ulises sabía que, si no lo ataban, el canto de las sirenas lo llevaría irremediablemente a la perdición, que no sabría resistir.

Más vale ser honestos y conscientes, y reconocer nuestra vulnerabilidad, nuestra tentación de huir del momento presente.

Cuando nos sentamos a meditar somos —de alguna manera— Ulises, atado al palo mayor de su nave.

No ignoramos los pensamientos ni las fantasías; no los negamos. Sabemos que están ahí y que nuestra inercia nos haría correr tras ellos. Nuestro deseo nos haría huir hacia el futuro, huir hacia el pasado: es decir, identificarnos con un Yo que solo existe en esos tiempos.

Ese Yo funda su existencia en los propósitos, en los objetivos, en la infinita cantidad de cosas que se propone alcanzar, en su afán de llegar a la imposible plenitud.

Ese Yo, ese constructo de nuestra mente, siempre tiene el objetivo de conseguir aprecio, de conseguir poder, de conseguir amor, atención, cuidados, en el intento —siempre vano— de lograr su realización.

Jamás alcanza su realización.

Quienes de verdad somos ya estamos realizados —plenamente— en este instante.

Nada ni nadie puede ser «a medias».

Todo lo que Es, lo Es plenamente, aquí y ahora.

Es la gran paradoja de nuestra existencia: el tesoro aparece cuando dejamos de buscar.

La búsqueda —el deseo— tiende un velo, y nos impide realizar nuestra propia plenitud.

La práctica de la meditación, por ello, es la práctica de una renuncia a cualquier objetivo.

La práctica de la meditación es un abrazo —estrecho, profundo, sentido— al instante presente, tal como es.

Practicamos simplemente sentándonos, conscientes, aquí y ahora.

33

Pozo

Cuando nos sentamos a meditar, es como si abriéramos un pozo de silencio.

Un pozo al que podemos ir arrojando todo el palabrerío, todo el ruido que nos acompaña a lo largo del día.

Cuando observamos con honestidad, con distancia, con desapego, podemos comprobar que ese ruido, ese bla, bla, bla, está en el origen de la mayor parte de nuestros sufrimientos emocionales.

Cuando vamos dejando caer todo el ruido —como una cascada de letras, de palabras, de frases, de historias— en ese pozo de silencio, nuestra mente se va vaciando, de la misma manera que se vacía la parte superior de un reloj de arena con el paso del tiempo.

Poco a poco, comprobamos que la mente recobra su condición natural: completamente vacía, transparente, pura y calma.

Poco a poco, experimentamos esa vuelta a la transparencia y al vacío de la mente, esa vuelta al origen, y lo hacemos a través de un sentimiento de ligereza, de gran paz interior, de plena libertad, de espaciosidad.

Con los discursos y narrativas que dejamos caer, se van también nuestros sufrimientos inútiles. Porque, con los discursos que dejamos ir hacia el silencio, nos desprendemos —por algún momento— de infinidad de creencias, de imágenes, de historias que viven adheridas al lenguaje.

Habitualmente vivimos, sin darnos cuenta, convencidos de ser un relato. Nos identificamos con una historia y nos reconocemos como el personaje protagonista de esa narración.

Nos cuesta mucho reconocernos, sabernos a nosotros mismos sin una narrativa que, como toda narrativa, se despliega en el tiempo sucesivo, en la cronología, desde el pasado hacia el futuro.

Y, sin embargo, cuando aceptamos dejar caer las narrativas en ese pozo de silencio, cuando nos rendimos y dejamos de identificarnos con esa historia mil veces contada, experimentamos una infinita paz, un sentimiento de plenitud, gran libertad.

Y, sobre todo, comprobamos que con ese bla, bla, bla que se ha ido al pozo de silencio, se han ido también nuestros miedos, nuestros rencores, y empezamos a recuperar la energía que a lo largo del día malgastamos en tener razón.

Observamos hasta qué punto —cuando soltamos los discursos, cuando nuestra mente recobra su espacio, su transparencia, su silencio...— desaparece la necesidad de tener razón.

Comprobamos —aquí y ahora, dejando caer en el pozo de silencio toda nuestra charla, todo nuestro bla, bla, bla— cómo se marchan los miedos, se marcha la necesidad de tener razón, se marcha el deseo de seguridad...

Todo ese espacio que ocupaban... se ve ahora habitado por una energía muy diferente, a la que bien podríamos llamar... «confianza».

Confianza en la vida que cada uno de nosotros encarna individualmente.

Nos sentamos a meditar como quien se sienta en el borde mismo de un pozo de silencio.

Nos sentamos a descansar en el silencio.

Ese pozo de silencio es, para nosotros, como el pozo de agua para los camelleros que atraviesan el desierto con sus caravanas.

Ese pozo de silencio es nuestra fuente.

Necesitamos del silencio tanto como el caminante necesita del agua.

Necesitamos que nuestra mente se vacíe de toda la narrativa del Yo para reencontrarnos con nuestra esencia y así regenerar nuestra autoestima, nuestra confianza en la vida, nuestra fortaleza interior, el temple que necesitamos para dejarnos atravesar, sin temor, por la energía de las emociones.

Cuando nos observamos con honestidad, con sinceridad, comprobamos que gran parte de lo que vivimos —y de cómo vivimos— tiene como única motivación evitar ciertas emociones.

Se nos va la vida en evitar sentir la vida.

Se nos va por el temor a no ser capaces, a no estar preparados para exponernos a ese movimiento energético que representan las emociones.

Sentarnos a meditar —dejar caer en el pozo de silencio nuestros discursos y nuestras narrativas, todas nuestras falsas identidades— templa nuestro espíritu, nos fortalece interiormente, dilata hasta el infinito nuestro espacio interior. Nos llena de confianza para vivir la vida plenamente, sin escudarnos constantemente detrás de creencias, de falsas seguridades, de adicciones y compulsiones.

La vida que es tan sabia nos da —naturalmente, cada día— unas horas de sueño profundo, una caída en la nada, una suspensión de toda narrativa y de todo narrador. Pero no basta.

Necesitamos más silencio.

Necesitamos sentarnos al borde del pozo y —conscientemente— desprendernos de esos relatos con los que estamos tan identificados.

El verbo puja por manifestarse y ocupar un lugar en la mente.

Nosotros no nos oponemos a su aparición. Pero tampoco nos apegamos.

Nuestro instrumento es… la pura atención.

Al verbo lo vemos emerger, y no le salimos al cruce; lo dejamos pasar y caer… en un pozo de silencio.

Nuestra práctica no puede ser más sencilla, ni más despojada: simplemente, permanecemos sentados, dejando caer todo lo que aparece en nuestra mente.

Nos permitimos experimentar lo que sentimos durante los momentos en que dejamos caer todo lo que pensamos acerca de la existencia y de nosotros mismos.

Observamos lo que sentimos cuando presenciamos la naturaleza vacía y cristalina de la mente.

34

Primera vez

Cuando nos sentamos a practicar meditación es siempre la primera vez.

Nos sentamos a practicar meditación como una manera de vivir —plenamente conscientes— el instante irrepetible.

Nos sentamos a practicar meditación para liberarnos de la cronología, del tiempo sucesivo.

Nos sentamos a practicar meditación para simplemente estar aquí, sentados y conscientes de nuestra presencia en este lugar.

Nunca, antes, hemos vivido este instante.

Nunca, decía Heráclito, nos bañamos dos veces en el mismo río.

La repetición, la rutina, el hábito... son espejismos que tienen lugar en nuestra mente.

Nos sentamos a practicar meditación para entrenarnos en esta conexión consciente con el presente.

Por eso —porque simplemente venimos a conectarnos conscientemente con el instante presente— nos sentamos a practicar meditación y abandonamos todo propósito alcanzable en el futuro, todo objetivo por venir, toda meta y todo deseo.

Dejamos caer todo propósito de alcanzar algo, de obtener algo, de cambiar algo, de aprender algo.

Este despojarnos de toda meta es nuestra manera de dejar —fuera de la sala de meditación— el tiempo futuro.

Todo es ahora.

Simplemente, ahora, permanecemos sentados —sin futuro, sin expectativa, sin esperanza— viviendo este instante... por primera vez.

Dejar fuera de la sala el futuro implica dejar también fuera de la sala su opuesto complementario: el pasado.

Cuando nos sentamos a practicar meditación no tenemos historia. Solo tenemos el instante presente.

Y, en el instante presente, no tenemos nada que hacer.

Abandonamos el futuro, abandonamos el pasado, nos hacemos conscientes del presente, renunciamos a toda acción, a toda voluntad de logro, de obtención.

Esta actitud nos permite contemplar la vida en este instante, en toda su plenitud. La vida que nosotros encarnamos; eso que somos, aquí y ahora. Sin narrativas y sin proyectos.

Plenamente vivos en el instante presente.

Plenamente realizados, aquí y ahora.

Nada nos falta, nada nos sobra para ser nosotros mismos, plenamente, aquí y ahora.

Al practicar la meditación nos «entrenamos» en esta toma de conciencia del instante presente.

Nos entrenamos en una actitud, que es la «presencia».

Nos entrenamos para llevar esta actitud a la vida cotidiana.

Nos entrenamos para acudir a nuestro trabajo, cada vez, por primera vez.

Nos entrenamos para mirar a las personas que nos rodean, por primera vez.

Nos entrenamos para salir de la inercia; para dejar de generar hábitos; para dejar de generar rutina; para dejar de generar actitudes mecánicas.

Nos entrenamos para vivir nuestra vida cotidiana con mayor calidad de presencia.

Nos entrenamos para hacer de nuestro vivir diario una meditación.

Nos entrenamos para observarnos experimentar la vida por primera vez, en cada instante.

La práctica de la meditación se conoce, también, como la práctica de la atención.

La meditación es un entrenamiento: el entrenamiento de cierto tipo de atención.

No es la atención centrada en un objeto; no centramos la atención en la respiración, en la llama de una vela o en una imagen. Es una atención abierta, flotante, que carece de toda opinión, de toda preferencia, de toda aversión.

Practicamos la atención propia de un testigo, que simplemente constata cualquier fenómeno que cae en su campo de atención sin establecer categorías.

Constatamos que en nuestro cuerpo se producen sensaciones (de dolor, de tensión, de incomodidad, picores…). Tomamos conciencia de «eso» sin juzgar, sin opinar. Sobre todo, sin hacer listas de lo que está «bien» y de lo que está «mal».

De igual modo, constatamos que en nuestra mente se suceden pensamientos, imágenes o recuerdos...

Somos testigos de ese fluir de fenómenos en nuestra mente. No los juzgamos, no los rechazamos ni nos apegamos a ellos.

También —en el campo de esta atención abierta y disponible, de esta atención testigo— detectamos emociones.

Nos sentiremos tristes o alegres.

Pasaremos por momentos de enfado, de vergüenza.

No juzgamos, no intervenimos: contemplamos.

A nada le ponemos el rótulo de que está «mal», de que «no debería ser así».

Cuando nos sentamos a meditar, nos estamos entrenando para vivir conscientemente —atentos— el instante presente. Sin criticar. Sin juzgar.

Si podemos contemplar de este modo el dolor en una rodilla, por ejemplo, tomaremos conciencia de que no somos ese dolor.

Si podemos contemplar de este modo esos pensamientos o deseos que circulan por nuestra mente, tomaremos conciencia de que no somos esos pensamientos ni esos deseos.

Y lo mismo con las emociones, con las fantasías, con los recuerdos...

Somos la atención, la conciencia, ese espacio infinito en el que los fenómenos se suceden. Los fenómenos que nuestra atención capta en nuestro interior o en el mundo.

Nos sentamos a meditar, a practicar la atención, para hacer realidad quienes somos.

Es como si fuéramos pelando una cebolla: no somos esto, no somos lo otro...

Al final, en las manos, no nos queda nada de la cebolla. Es entonces, cuando ya no queda nada, cuando somos nosotros mismos, sin atributo ninguno.

Un espacio vacío que es, al mismo tiempo, una plena potencialidad de ser.

Nos sentamos a practicar la atención y, antes o después, tomamos conciencia de que vacío y plenitud son exactamente Uno.

Nos sentamos a practicar meditación para quitarnos las gafas que nos muestran todo como una dualidad.

Las gafas que nos muestran a nosotros mismos como algo opuesto al mundo y a los demás, separados del mundo y de los demás.

Nos sentamos a entrenar nuestra atención para reconocer la realidad tal cual es.

Y lo hacemos... practicando la atención al instante presente.

35

Vida

Cuando nos sentamos a meditar, nuestra atención nos permite detectar cualquier tensión.

Cuando nos sentamos a meditar, es bueno tener siempre un mismo itinerario para la atención.

Una vez instalados en nuestra postura, podemos empezar ese viaje de nuestra atención en… el entrecejo.

Cuando llevamos la energía de nuestra atención al entrecejo, lo liberamos de toda tensión. Podemos sentir la apertura de un espacio que se expande por las cejas y por toda la frente, en profundidad. Esa atención puesta en el entrecejo brinda un espacio sin límites a nuestra masa encefálica.

Lo mismo ocurre cuando, luego, llevamos la atención a nuestros globos oculares. Es como si nuestros globos oculares se volvieran gomosos, blandos. Como si se produjera una relajación del nervio óptico, del cerebro... Un aflojamiento.

Ese itinerario continúa en la lengua. Dejamos que la lengua encuentre una posición de reposo en contacto leve con el paladar superior.

Nuestra atención también está en la raíz de la lengua, en lo profundo, donde también generamos relajación, espacio, distensión.

Eso nos lleva a la glotis, las cuerdas vocales, la garganta, el cuello, la nuca...

Es como si nuestra atención fuera escaneando el interior de nuestro cuerpo y barriera a su paso toda tensión, todo trazo de esfuerzo, de actividad, de presión o carga.

Es como si, interiormente, gracias a nuestra atención, nos proporcionáramos un baño de pasividad, de inacción.

Algo similar ocurre cuando llevamos nuestra atención a los hombros: todo se afloja, todo cae de nuestros hombros. Llevamos en ellos muchos «tengo que», muchos «debería», muchos rencores, muchas culpas, muchos arrepentimientos, muchas críticas…

Todos los pesos, reales o imaginarios, todas las cargas simbólicas se deslizan, caen. Permitimos que nuestra atención haga de nuestros hombros un lugar de vacío, de ligereza…

Y luego, llevamos la atención a nuestro pecho: las costillas, los músculos pectorales… Nuestra atención puede generar distensión.

En nuestro pecho puede que llevemos varias capas de defensas, de corazas, de desconfianzas. Observamos cómo nuestra atención va diluyendo ese blindaje.

Observamos cómo nuestros brazos enmarcan un espacio abierto, que se expone, que nos conecta con el mundo, sin temores, sin aprehensiones.

Es un espacio luminoso, sensible, desde el cual podemos «ver» lo que nuestros ojos físicos son incapaces de ver.

Dejamos que nuestra atención libere, también, el plexo solar, el vientre, el pubis, las caderas…

Dejamos que nuestra atención lleve espacio a toda la zona pélvica, en donde encerramos tantas creencias, tantas represiones, tantos prejuicios, tantas heridas —reales, imaginarias, propias o heredadas.

Confiamos en nuestra atención.

Confiamos en el poder liberador de nuestra atención.

Es una atención… amorosa, que lleva la paz al interior de nuestro cuerpo.

Es una atención… silenciosa.

Es una atención… que no enjuicia.

Es una atención… que nos permite percibir la vida en todo su esplendor, en toda su magnificencia.

Es una atención… que nos hace sentir la vida latiendo en cada célula, en cada órgano.

Esa atención nos conecta con la vida.

Nos muestra que somos —cada uno de nosotros— una encarnación plena, completa, de la vida.

Somos, de instante en instante, la misma vida que late en las ballenas, en las arañas y en los tigres.

Ese es el poder revelador de la atención.

La práctica de la meditación es la práctica de la atención.

Meditar no es pensar; es ver.

Ver, también, lo que pienso.

Ver lo que siento.

De instante en instante, sin juzgar.

Meditar, entonces, es ver la vida, en mí mismo, con amor.

Mil cosas diferentes, todo el tiempo, pueden atraer y captar nuestra atención.

Así, solemos perder de vista lo que estamos sintiendo. Empezamos a sentir que nos falta información sobre lo que estamos viviendo.

Por falta de atención, carecemos de una información actualizada.

Pero necesitamos actuar, entonces recurrimos a la información que tenemos guardada del pasado. Es como si viajáramos por un país desconocido con un mapa de carreteras antiguo.

Practicamos la meditación como una práctica de la atención al momento presente.

Y lo que nos trae al momento presente, lo que nos ancla en el momento presente, es nuestro cuerpo.

¿Qué siento, en mi cuerpo, ahora…?

¿Cuáles son las sensaciones corporales que mi atención detecta?

¿Qué sensaciones encuentro en mi rostro? ¿En mis brazos? Sobre todo entre la garganta y el pubis.

Cuando hablamos de sensaciones, queremos decir: ¿cómo se manifiesta la vida en mí, aquí y ahora?

Las sensaciones son una manifestación de la vida.

Cuando prestamos atención, comprobamos que nuestro cuerpo es el escenario de un continuo movimiento. Detectamos sensaciones en la piel, matices de temperatura, tacto...

Pero detectamos, también, sensaciones musculares, articulares, en los órganos internos, en capas más y más profundas.

Meditamos y, gracias a la meditación, nos llega la información de cómo la vida se va manifestando, de instante en instante, en nosotros mismos.

Tomamos conciencia de cuánta vida hay en nosotros mismos.

¡Cuánta vida hay en las sensaciones que produce en mí la respiración!

¡Cuánta vida hay en las sensaciones que produce en mí la postura!

¡Cuánta vida hay en las sensaciones que producen en mí las emociones, los deseos, los pensamientos, las fantasías!

Todo lo vivo en el cuerpo.

Y mi atención es lo que puede registrarlo, constatarlo, hacerlo consciente.

Cuando mi atención abandona el cuerpo, cuando mi atención está en las pantallas, en lo externo, en la mente, dejo de recibir esa información de la vida en mí.

Entonces, la vida empieza a parecerme vacía, pobre, insuficiente.

Necesito una inyección de intensidad para sentirme vivo.

Y si descubro que hay algo que me hace sentir vivo, me apego a eso, me vuelvo dependiente, adicto, ya no lo puedo dejar.

Muchas veces, eso que nos hace sentir vivos también nos puede matar, nos daña, nos enferma; pero lo preferimos al vacío, a la sensación de poca vida o de vida vacía.

La atención —la práctica de la atención— puede venir en nuestra ayuda.

Porque una práctica sostenida de la atención no tardará en revelarnos la plenitud de la vida en nosotros mismos, en cada instante.

No hace falta que pasen cosas para sentirnos plenamente vivos, aquí y ahora. Basta con que nuestra atención esté… aquí y ahora.

36

Imperfecciones

Cuando nos sentamos a meditar, cuando lo hacemos regularmente y con honestidad, nos damos cuenta de hasta qué punto, a lo largo del día, nuestra sensibilidad se ve bombardeada por las incontables manifestaciones de la imperfección humana.

Los medios de comunicación y las redes sociales son una constante exposición o un escaparate de nuestra imperfección.

Nuestra imperfección adopta la forma de crímenes contra la subsistencia de la propia vida humana en el planeta. Adopta también la forma de guerras, de torturas, de injusticias sociales, de hambrunas que conviven con la abundancia de alimentos.

La imperfección adopta, también, la forma de yates lujosos en el puerto, de edificios lujosos vacíos...

Pero la imperfección nos bombardea, también, en nuestra propia vida cotidiana individual.

Es imposible ignorar o evadir la imperfección cuando nos miramos en el espejo que refleja nuestra imagen física. O en el espejo de la conciencia, que refleja nuestra manera de estar en el mundo, nuestras conductas.

Vemos la imperfección en nosotros mismos, en nuestras parejas, en nuestros padres, en nuestros hijos, en nuestros vecinos, en nuestros compañeros de trabajo...

Si miramos la vida con los ojos de nuestro rostro, nunca vamos a poder ver más allá de tanta imperfección. Y, en consecuencia, nuestro ánimo quedará necesariamente afectado.

Algo de esto podemos percibirlo en nuestras sociedades contemporáneas. Y es por ello que en nuestras sociedades germinan tan fácilmente los extremismos, pensamientos apocalípticos y unas maneras de pasar por la vida como enarbolando un cartel donde se lee: «Después de mí, el diluvio».

Tal vez nosotros mismos no seamos plenamente conscientes de lo que nos lleva a meditar.

Tal vez tengamos la intuición de que nos sentamos a practicar meditación para mirar la vida desde otro lugar: desde un lugar que nos permita percibir lo que hay «detrás» o «más allá» de eso que ven nuestros ojos físicos.

Entornamos nuestros párpados o cerramos los ojos para ver la perfección que se esconde detrás, más allá de lo aparente.

Entornamos los párpados y traemos la atención a nuestro interior: es ahí, en nuestro interior, en nuestro silencio, donde iremos a encontrar los rastros de ese plan perfecto del que somos parte.

Entornamos los ojos y llevamos la atención a nuestro interior, nos instalamos en el silencio y en la quietud, y desde ahí, nos convertimos en testigos de la agitación que caracteriza al humano que somos.

Nos sentamos para contemplar lo que Es, en toda su magnificencia, en su eterna perfección.

Nuestra actitud es de apertura plena al instante presente.

Cada instante de la vida es un portal —que se nos ofrece a los humanos— para que podamos acceder a nuestra esencia, a nuestra auténtica naturaleza.

Ahí donde nuestros ojos físicos ven crimen, injusticia, alienación, imperfección, se esconde un portal que nuestros ojos físicos no saben reconocer.

Nuestros ojos físicos —solo y en contadas ocasiones— reconocen puertas de acceso a lo trascendente en lo bello, en lo armónico.

Nos sentamos a meditar para asomarnos a ese «otro lado» que cada instante nos ofrece, y que solo reconoceremos como un portal abierto... si lo observamos con los ojos del corazón.

En Oriente, esto se representa con la flor del loto, una flor pura y bella que nace en las aguas estancadas, en el barro, en el lodo.

Es una manera de advertirnos ante las trampas que nos tiende nuestra percepción.

No hay dos caminos: son nuestros ojos físicos los que hacen Dos de lo que es Uno.

La práctica de la meditación puede ser considerada un entrenamiento de esa mirada del corazón.

Cada experiencia —agradable o desagradable— es una oportunidad que la vida nos ofrece —de instante en instante— para que descubramos quiénes de verdad somos.

Acostumbrados a mirar la vida desde nuestros ojos físicos, tenemos la fantasía de que, buscando, encontraremos.

La práctica de la meditación enseña precisamente lo contrario.

La práctica de la meditación implica soltar, abandonar toda búsqueda, todo objetivo, renunciar a entender, renunciar a encontrar, renunciar a saber.

Y esto es así porque detrás de todo hallazgo, de toda meta, de todo punto alcanzado, hay un Yo que mira la vida desde los ojos físicos. Hay un Yo que ignora la existencia de una mirada desde el corazón.

En ese sentido, nuestra práctica es la práctica de una renuncia, y de una rendición. Es un acto de extrema humildad.

Cada vez que nos sentamos a practicar meditación, nos inclinamos con humildad ante el misterio de nuestra propia existencia.

Nos permitimos experimentar los efectos de esa rendición.

Nos permitimos experimentar —conscientemente— lo que sentimos al permanecer sentados, aquí y ahora, sin buscar, sin esperar mejorar, aprender o cambiar.

Nos permitimos experimentar —conscientemente— la plena perfección del instante presente.

Tras un rato de permanecer sentados, habremos terminado nuestra práctica. Volveremos a nuestras actividades, saldremos a la calle y nos encontraremos con la ciudad...

Quiero invitarnos a que, en casa o en la calle, mantengamos durante algunos minutos esa actitud humilde y de rendición que abre nuestra conciencia a la perfección de cada instante.

A esa perfección que el humano, con sus limitaciones, no puede mancillar, no puede dañar ni tocar, por muy prepotente, por muy poderoso que se crea.

Es una invitación a que —a lo largo del día, agobiados por las malas noticias, por los actos de crueldad, por la violencia, por la injusticia— preservemos un espacio interior para rendirnos, para poder observar ese momento con los ojos del corazón.

Tratemos de recordar que toda esa injusticia, esa crueldad, esa violencia, ese absurdo... son puertas que la vida nos ofrece para que la observemos con los ojos del corazón. Para que no nos quedemos limitados por lo que perciben nuestros ojos físicos. Para que no nos limitemos a ver esa película de buenos y malos que parece desarrollarse ante nuestra mirada.

37

Afirmación

Cuando nos sentamos a meditar, cada vez empezamos de cero.

Nos sentamos, otra vez, por primera vez.

Nunca, antes, hemos vivido este instante.

Jamás, después, lo volveremos a vivir.

Aquí y ahora la vida, tal como es, se nos presenta... por primera vez.

Sepamos reconocer y apreciar la infinita riqueza de este instante.

Este es el instante que la vida nos ofrece para que conozcamos nuestra auténtica naturaleza, para que tomemos conciencia de quiénes somos de verdad.

Este es el instante de la iluminación silenciosa.

Nos sentamos a practicar meditación para acoger y apreciar el instante presente, tal como es.

No tenemos nada que hacer.

No tenemos nada que cambiar ni mejorar.

Aceptamos este instante, tal como es, con sus luces y sus sombras; con sus imágenes, sus pensamientos, sus fantasías...

Desde lo más profundo, desde lo más auténtico de nosotros mismos, le decimos «sí» a este instante, tal como es.

Y decimos esa afirmación con nuestro cuerpo, con nuestra postura, con nuestra respiración.

Es un sí sin «peros», sin matices.

Es un sí puro, pleno.

Es un sí que nos fortalece, que nos llena de confianza, que nos da paz, nos permite echar raíces en la vida.

Es un sí que nos nutre.

Es un sí al instante presente, que nos revela nuestro intrínseco poder.

La práctica de la meditación, tal como la abordamos, es una práctica de afirmación, de aceptación plena de la vida tal como es, en cada instante.

En esta afirmación no hay lugar para las quejas, no hay lugar para los «peros».

Nos sentamos a practicar una actitud vital... para llevarla fuera de la sala de meditación, a nuestra vida cotidiana.

Nos entrenamos en esta actitud... para cepillarnos los dientes con esta actitud. Para trabajar con esta actitud. Para relacionarnos con nuestros seres queridos... con esta actitud.

Es este sí al instante presente, tal como es, lo que de verdad nos empodera, nos da raíces, nos da paz.

A cada instante empezamos de cero, reconociendo la frescura de lo que la vida nos trae, y acogiendo sin matices, apreciando en toda su riqueza el instante presente tal como es.

Tenemos la libertad de elegir. Podemos decir «sí» al instante presente que nos ofrece la vida, o podemos ponerle condiciones para aceptarla.

A cada uno, en cada instante, se le ofrece la libertad de elegir quién quiere ser: el que dice «sí» o el que pone condiciones.

Nadie puede privarnos de esta libertad.

Nos sentamos a practicar meditación para observarnos, para poder reconocer con qué actitud vivimos cada instante.

¿Quién —inconscientemente— elegimos ser, momento a momento?

38

Testigos

Cuando nos sentamos a meditar, usamos los primeros minutos para instalarnos en nuestra postura. La práctica consiste en estar sentados, conscientemente. Nuestra postura es nuestro hogar.

Cuando nos sentamos para la práctica de meditación, hemos llegado a casa.

Observamos nuestra postura.

Tomamos conciencia del espacio que ocupamos.

Podemos tener los ojos cerrados o los párpados un poco entornados. Pero, en cualquier caso, somos conscientes de estar aquí, sentados, ocupando un lugar en la sala.

La práctica de la meditación es una práctica de la atención. Permanecemos sentados, quietos, en silencio. Atentos. Despiertos.

La práctica de la meditación es, también, una práctica de la plena presencia.

Venimos a la práctica, exclusivamente, para estar aquí. Para permanecer plenamente aquí. Conscientemente... aquí.

Permanecemos sentados y renunciamos a cualquier propósito, a cualquier meta, a cualquier objetivo que pueda ser alcanzado gracias a la práctica.

Permanecemos sentados, y nos convertimos en testigos de todos los fenómenos que se van produciendo en nosotros.

Nos convertimos en testigos de las molestias corporales, de los dolores, de las tensiones, del bienestar...

También nos convertimos en testigos de las emociones que vamos experimentando, momento a momento.

Y de los pensamientos, que se suceden en nuestra mente.

Nos convertimos en un testigo atento, que no juzga, que no opina, que no toma partido, que no rechaza ni aferra nada.

Nos convertimos en un testigo... amoroso.

Abierto.

Disponible.

Compasivo.

Permanecemos sentados, renunciando a toda acción.

Renunciamos a hacer.

Incluso renunciamos a hacer meditación.

Nos limitamos a ser. Sin hacer.

Cada instante de nuestra vida es nuevo. Nunca lo hemos vivido antes. Nunca lo viviremos otra vez.

La práctica de la meditación es un reconocimiento de esa constante novedad.

Cada instante es una oportunidad para tomar conciencia de la plenitud de la vida.

A la vida nunca le falta nada.

Sentarnos a practicar meditación es, también, una celebración de esa plenitud.

A ningún instante le falta ni le sobra nada.

Un instante de meditación es eterno.

Nos instalamos en la postura.

Nos instalamos en la quietud.

Nos instalamos en el silencio.

Hemos llegado a casa.

Hemos llegado a nuestro hogar.

Permanecemos sentados. Ya no tenemos a dónde ir. Ya no tenemos nada pendiente por hacer.

Simplemente, nos contemplamos ser. Aquí y ahora.

Permanecemos sentados celebrando la magnificencia de cada instante.

Conscientemente, abrazamos esa plenitud que se manifiesta en cada uno de nosotros.

Somos plenamente, de instante en instante.

La vida nos regala la oportunidad de experimentar —a cada momento— esa riqueza, esa abundancia de ser.

Encarnamos —aquí y ahora— una conciencia testigo. Es un testigo ecuánime.

No aferramos ni nos oponemos a ningún fenómeno.

Observamos cómo llegan y pasan los pensamientos, las imágenes, los deseos, las frases… Nada de lo que ocurre está bien o está mal; simplemente ocurre.

Permanecemos sentados, sin esperar.

Renunciamos a la ilusión de que algo llegue desde el futuro.

La práctica de la meditación nos revela que todo surge del presente.

Siempre, todo es ahora.

Muchas cosas ya fueron. Muchas otras todavía no son.

Practicamos nuestra presencia plena en este instante.

Nuestra actitud es de total aceptación a este instante. Lo aceptamos, con sus luces y sus sombras; con sus elementos agradables y desagradables.

Nos dejamos vibrar por la energía de la plena aceptación.

Cada una de nuestras células vibra en la energía del «sí».

¡Sí! A este instante, tal como es.

¡Sí! A la vida, aquí y ahora, tal como es.

Disfrutamos de la energía que se desprende de esa aceptación, de ese «sí» incondicional.

39

Huracán (2)

Cuando nos sentamos a meditar, nos instalamos en el ojo del huracán.

El silencio, la quietud, la calma que nos acogen... son más notables por el contraste con el ruido y la furia que dejamos fuera.

El ojo del huracán —el núcleo de la agitación— es nuestro hogar.

Desde la paz y la calidez de nuestro hogar, podemos contemplar el caos de la tormenta.

Abrimos nuestro cuerpo a esa energía que vibra en el ojo del huracán.

Dejamos que en nuestro cuerpo circule la energía del hogar.

Tenemos mucho interés en que cada célula de nuestro cuerpo se sepa «en casa».

Que cada célula se sepa «perteneciente», en armonía.

Que cada célula de nuestro cuerpo experimente cuán maravillosa es la vida.

En nuestro hogar sentimos que estamos en nuestro lugar. Sentimos que ya hemos llegado.

El ojo de la tormenta propicia la intimidad.

Nos apetece dejar caer la coraza, la armadura, todo aquello que usamos para atravesar la tormenta.

Nuestro hogar —con su silencio, con su quietud, con su energía— nos invita a la desnudez, a la transparencia.

Nuestro hogar no nos pide nada.

Nos acoge, nos acepta, nos abraza tal como somos.

El hogar es un espacio que se ofrece a nosotros para que lo habitemos con todos nuestros sentidos despiertos.

Muchas veces, creemos que solo hay vida en la tempestad, en el ruido, en la aceleración, en la aparente intensidad.

La práctica de la meditación nos permite reconocer la vitalidad que anida en el ojo del huracán.

Abrimos nuestros sentidos a la intensidad del silencio, a la infinita profundidad de la quietud.

Palpamos la piel de la calma.

Saboreamos la sal del instante presente.

Nos instalamos, echamos raíces en el ojo del huracán.

Desde el mirador de nuestra postura sentada, vemos pasar los pensamientos, las fantasías, los deseos…

Nada rechazamos, nada aferramos.

En este espacio, al que llamamos «nuestro hogar», no queda nada que se refiera a nuestra infancia.

Los recuerdos, los dolores, las alegrías de nuestra infancia son arrastrados por el viento de la tempestad exterior.

En este espacio, al que llamamos «nuestro hogar», no queda nada referido a nuestras familias. No queda nada de nuestros amores, ni de nuestros amigos, ni de nuestros estudios, ni de nuestros trabajos, ni de nuestros pasatiempos.

Aquí —en el ojo del huracán— no queda nada.

Es un espacio perfectamente vacío. Luminoso. Silencioso. Transparente.

En el ojo del huracán no hay nada que nos impida sentirnos perfectamente bien.

Dejamos que ese bienestar se haga carne en nosotros.

Dejamos que ese bienestar circule con la sangre, por nuestras venas, y llegue a cada una de nuestras células.

Disfrutamos de este espacio despejado en el que nada queda de lo que no somos nosotros mismos.

Podemos vivir identificados con la tormenta, con la borrasca, con el ruido y la furia.

Y podemos reconocernos como el ojo del huracán.

Según elijamos, elegiremos también la experiencia que habremos de vivir.

Elegiremos la experiencia de ser el huracán, o la experiencia de ser nuestro hogar.

Muchas veces, hablamos de experimentar nuestra auténtica naturaleza.

Esa es nuestra auténtica naturaleza: ese espacio infinito, perfectamente vacío, silencioso, amoroso, transparente, despejado de toda historicidad.

La práctica de la meditación nos instala en nosotros mismos.

La práctica de la meditación es la práctica de una atención vacía.

Quieta.

Sin mente.

40

Quietud

Cuando nos sentamos a meditar, a veces llevamos nuestra atención al entrecejo. Vamos a buscar —en el entrecejo— un punto de quietud.

Dejamos que esa quietud, esa energía, se expanda.

Dejamos que esa quietud, poco a poco, colonice nuestra frente, nuestras sienes… Dejamos que se despliegue por todo el cráneo.

A esa quietud, para visualizarla mejor, la podemos dotar de luz.

Observamos cómo la energía de la quietud se expande y gana terreno en nuestro cráneo, en la nuca, en la masa encefálica…

Tomamos el tiempo que haga falta para explorar y conocer esa quietud.

No oponemos ninguna resistencia a la quietud.

Nos rendimos a ella.

Nos convertimos en testigos de la progresión de la quietud en nuestro cuerpo.

Comprobamos cómo se expande hacia nuestros ojos, hacia la boca…

Observamos cómo nuestra lengua está invadida por la quietud.

Cómo lo está nuestra garganta.

Lentamente, tal como avanza la lava de un volcán, la quietud desciende por nuestro cuerpo.

Nos cubre y nos penetra la energía de la quietud.

El silencio de la quietud.

El amor de la quietud.

Observamos el efecto de la quietud en nuestro pecho, en nuestros huesos.

Poco a poco, nuestro cuerpo físico se convierte en una manifestación viva de la quietud.

Observamos la quietud de nuestro cerebro.

Observamos la quietud de nuestro corazón.

Observamos su quieto latir.

Observamos el quieto y silencioso fluir de nuestra sangre.

Tomamos conciencia de cuánta inteligencia hay en la quietud.

Tomamos conciencia de cuánta paz hay en ella.

Tomamos conciencia de cuánta belleza hay en la quietud.

Tomamos conciencia de cuánto silencio hay en la quietud.

De cuánto espacio hay en ella.

Encarnamos la quietud para, desde ella, contemplar la vida.

Nos instalamos en la quietud para escuchar la vida.

Contemplamos y escuchamos desde la quietud, sin reaccionar, sin intervenir.

Nos instalamos en la quietud para brindarle un espacio de escucha y de contemplación a la vida que late en cada uno de nosotros.

La quietud acoge.

La quietud no juzga, no discrimina.

En el infinito silencio de la quietud resuena un absoluto «sí» a la vida.

La quietud no conoce la queja. No conoce el reproche. No conoce la acusación.

En la quietud no germina el miedo.

Contemplamos el fulgor de la libertad que habita en la quietud.

Experimentamos —conscientemente— la plenitud que la quietud nos regala.

41

Control

Cuando nos sentamos a meditar, la atmósfera que respiramos está contaminada por los discursos que circulan.

Habitualmente, vivimos en la ilusión de una realidad comprensible, segura, que está bajo control.

Es, sin duda, una ilusión.

Las enfermedades circulan…

Muchísimas personas pierden sus empleos…

Los trenes descarrilan…

Los países disputan entre sí…

Las personas se ignoran o se traicionan…

Llamamos a eso «normalidad», y lo vivimos «como si» todo estuviera bajo control.

La pandemia de covid vino a romper esa ilusión.

Pero muchas personas se aferran a la ilusión; por eso necesitan creer que detrás de la pandemia hay un poder que controla.

Otra parte de la población considera que son las autoridades quienes controlan la situación.

Son las dos caras de una misma ilusión.

Con pandemia o sin ella, parece que lo difícil es vivir sin la ilusión de que alguien controla; parece que lo difícil es vivir la realidad tal como es. Lo difícil es confrontar el misterio.

El misterio no es si la vacuna funciona o si hay una nueva variante del virus.

El misterio de la existencia siempre ha estado y estará ahí. La complejidad de la existencia humana... también. Y eso es, precisamente, lo que hace de la vida algo «único».

Asomarnos al abismo del misterio de la existencia... produce vértigo.

Buscamos asideros: en creencias, en dogmas, en explicaciones, en cualquier cosa que nos dé una ilusión de seguridad.

Cuando nos sentamos a practicar meditación, situamos nuestro cojín al borde del abismo.

La práctica de la meditación es una práctica sin red.

Nos despojamos de toda creencia, de todo asidero; nos sentamos ante el insondable misterio. No para resolverlo, no para encontrar una respuesta o explicación que nos ofrezca una ilusión de seguridad. Nos sentamos para, conscientemente, encarnar el misterio.

No hay nada que «explique» al ser. No hay nada que lo defina. No hay nada que controle. No hay nada que genere una ilusión de seguridad.

Simplemente, permanecemos sentados al borde del abismo.

Lo que hemos vivido a causa de la pandemia es mucho más real que la llamada «normalidad».

Podríamos decir que la pandemia ha representado una oportunidad para el despertar, para salir de la ilusión.

Cuesta comprender —y aceptar— que en tiempos de pandemia... reina el mismo orden que en cualquier otra época.

Habitualmente vivimos en la ilusión de reconocer un orden en no llevar mascarillas, en no vacunarnos, en que no haya pandemia.

Nos cuesta reconocer y aceptar que la pandemia forma parte del mismo orden. Cuesta aceptar que la enfermedad y la salud son expresiones del orden, que la muerte y la vida, que la luz y la sombra son expresiones de ese mismo y perfecto orden...

Cuesta reconocer la unidad.

Nos cuesta reconocernos como no separados del otro.

Nos cuesta reconocer que el Yo solo existe… en el mismo silencio del Tú.

La pandemia nos ha dado una oportunidad para el despertar.

Permanecemos sentados, mirando cara a cara al misterio.

El misterio que cada uno de nosotros es.

Sentados, sin red, frente al abismo, vemos que no somos un Yo fijo, definido, definible.

Nos damos cuenta de lo ilusorio de ese Yo sostenido en el Tiempo, apegado a sus creencias, a sus opiniones, a sus pertenencias y a sus narrativas.

Sentarnos al borde del abismo, sin red, nos permite conocer y abrazar una identidad de otro tipo. Una identidad que solo es reconocible en la interrelación con todo lo que es. Una identidad que no toma la separación, el aislamiento, la desvinculación como elementos definitorios. Una identidad que encuentra su paz en la entrega al Todo, del que forma parte. Una identidad capaz de experimentar que ese tejido conjuntivo que circula entre las partes del Todo… es el amor. Una identidad desde la que podemos observar a ese Yo que se conoce como separado, aislado, con una mirada compasiva.

Cuando lo observamos, nos damos cuenta de que su esencia es el miedo. Un miedo que lo retrae, que lo aparta, que lo fragiliza, que lo enfría…

Cuando nos sentamos a meditar, observamos a ese Yo psicológico, a ese pequeño Yo temeroso, desconfiado, frío, carente… desde el amor.

Desde nuestra auténtica identidad, tenemos la capacidad de amar y de incluir a esa parte de nosotros temerosa, insegura, carente.

Observamos esa identidad nuestra con los ojos del corazón.

Aunque no lo sepa, nuestro Yo psicológico, nuestro Ego, también forma parte de lo Uno.

Sin esta actitud compasiva hacia nuestras carencias y nuestros miedos, nunca nos conoceremos en profundidad, nunca conoceremos la autoestima.

Sentados al borde del abismo, sin red, es cuando descubrimos en nosotros una infinita capacidad de amar, una infinita capacidad de perdonar, una infinita capacidad de aceptación.

Cuando experimentamos esta capacidad de amar, de perdonar, de aceptar… podemos prescindir de explicaciones, de creencias, de la ilusión de seguridad y de control.

42

Información

Cuando nos sentamos a meditar, dejamos caer toda la información que agita nuestra mente.

Para la práctica de la meditación no necesitamos ninguna información.

Bien al contrario, la información es un obstáculo; la información nos impide acceder al conocimiento.

Nos sentamos y dejamos caer toda la información.

Dejamos caer la información, trayendo nuestra atención al presente.

Traemos la atención a nuestra postura, a nuestras sensaciones corporales, a este lugar donde estamos sentados, a la temperatura ambiente, al volumen de nuestro cuerpo en el espacio… Traemos la atención a la experiencia que estamos viviendo, sentados. Y comprobamos que —en nuestra experiencia de este instante, aquí y ahora— no hay ninguna información.

Dejamos caer toda la información de nuestra cabeza, de nuestros hombros…

Para permanecer sentados, aquí y ahora, no necesitamos saber nada.

Cuanto menos sabemos, más cómoda es la postura, más calma nuestra mente, más despierta nuestra conciencia, más abierto nuestro corazón.

Cuando dejamos caer la información que traemos, la información que cargamos, también renunciamos a saber.

Cuando renunciamos a saber... renunciamos, también, a tener razón.

Cuando renunciamos a tener razón... dejamos de identificarnos con un Yo que se estructura y se consolida en su razón, en su pretendida verdad.

Cuando renunciamos a identificarnos con ese Yo... renunciamos también a la pretendida seguridad.

Cuando renunciamos a esa pretendida e ilusoria seguridad... nos estamos ofreciendo la oportunidad de mostrarnos vulnerables.

Y es esta apertura a la vulnerabilidad la que nos permite abrazar la experiencia del instante presente en su infinita riqueza y profundidad.

Se trata, pues, de simplemente estar aquí, ahora, plenamente abiertos a lo que nos ofrece la vida en este instante.

Permanecemos sentados, sin saber, sin pretender saber, sin buscar saber, sin pretender ser alguien que tiene razón en algo, sin pretender ser alguien que sabe.

¿Qué surge, qué aparece en nuestra conciencia cuando dejamos caer toda la información, cuando renunciamos a saber y a tener razón, cuando renunciamos a identificarnos con un Yo que busca la seguridad en tener razón?

¿Cuál es el paisaje que aparece?

¿Qué experimentamos ante la contemplación de ese paisaje?

Simplemente, permanecemos sentados, contemplando el paisaje que se nos revela cuando dejamos caer toda la información, todo el saber, toda la identificación con un Yo que cree tener razón.

Observamos cómo impacta en nuestro cuerpo la contemplación de ese paisaje al que nos abre el instante presente.

Observamos las sensaciones corporales con las que esa contemplación se materializa, se expresa en nosotros, aquí y ahora.

Observamos la profundidad del silencio que reina en ese paisaje.

Observamos la vastedad y la transparencia del espacio de ese paisaje interior.

Simplemente sentados, aquí y ahora, dejando caer toda información, limitándonos a experimentar este instante.

Dejamos caer toda la información.

Dejamos caer el pasado y el futuro.

Nos limitamos a estar aquí, ahora, contemplando el paisaje que se abre en nuestra conciencia.

43

Rendición

Cuando nos sentamos a meditar, la postura que adoptamos para practicar nos está pidiendo dos cosas.

La primera es… atención.

La postura nos invita a permanecer alertas, despiertos, atentos.

Imaginemos la actitud de un cazador, con su cerbatana, apostado en lo alto de un árbol.

¿A qué está atento el cazador?

Está atento a… todo.

Está atento a la brisa, a los sonidos, a los olores, a lo que entra en su campo de visión, al movimiento de las hojas, a la luz…

Es imposible concentrar la atención en tantos elementos. La del cazador no es una atención concentrada. Es una atención abierta. Disponible. Despierta.

El cazador sabe que, posiblemente, pasará horas en lo alto de ese árbol. Y sabe que —cuando aparezca su presa— todo se jugará en cuestión de instantes.

Su postura, por ello, es —al mismo tiempo— relajada y alerta.

Hay relajación en la atención.

Así, nosotros, en la práctica de la meditación, buscamos adoptar una postura discreta; una postura que, como la del cazador, busca pasar desapercibida; una postura que nos lleve hacia la quietud, hacia un silencio plenamente despierto, alerta.

Muchas personas empezamos a meditar creyendo que es una práctica de la mente. Creemos que se trata de no pensar, que se trata de concentrarnos...

Si tenemos paciencia y somos disciplinados para continuar con la práctica, para profundizar en ella, seguramente acabaremos por darnos cuenta de que la meditación —ya que es una práctica de la conciencia— es una práctica corporal.

Somos una conciencia encarnada en un cuerpo.

La postura de meditación nos invita a dos cosas.

La primera: atención. Una atención abierta a todo lo que sucede en el instante presente.

La segunda cosa que nuestra postura propicia es... rendición. ¿La rendición de qué?

La agitación interior nos invita a movernos. La postura nos pide quietud.

La inquietud emocional, la incomodidad emocional, nos pide huir.

La postura nos invita a permanecer, a afrontar, a atravesar.

Nuestro deseo —confesado o inconfesado— es siempre el de diferenciarnos, el de no ser como los demás, el de no ser «uno más».

La postura nos invita a evitar cualquier rasgo diferenciador.

En los monasterios, en las comunidades de meditadores, las personas suelen vestir las mismas ropas, hacer los mismos gestos...

Cuando los monjes se afeitan la cabeza, es difícil saber quién es quién.

Porque la postura nos invita a la rendición.

A la rendición de nuestro ego: de esa identidad diferenciada y separada.

A través de la rendición, la postura que adoptamos en la práctica nos invita a experimentar otra identidad común, compartida.

Cuando profundizamos en la práctica de meditación, cuando lo hacemos con honestidad, con entrega, con disciplina... se nos abre la puerta a la realización. Es decir, al conocimiento, a través de la experiencia, del sentir, del vivir.

Se nos abre la puerta al conocimiento de nuestra auténtica naturaleza.

De nuestra auténtica identidad.

De quienes —de verdad— somos.

Ese conocimiento, ese encuentro consigo mismo, es el fundamento de la práctica de la meditación. No es un saber intelectual. No es algo que se pueda nombrar. Es un estado de conciencia que se vive en el cuerpo.

Todo lo que nos pasa en el cuerpo nos da pistas acerca de nuestro estado de conciencia.

Existen infinitos métodos para practicar meditación.

Hay meditaciones con música, cantadas, con visualizaciones, meditaciones estáticas, meditaciones dinámicas, meditaciones en silencio...

Todas coinciden en algo: tienden a que nuestra atención, nuestra conciencia, no se evada del instante presente.

Y, puesto que el cuerpo no tiene la capacidad de evadirse, la atención puesta en el cuerpo nos garantiza esa calidad de presencia.

Atención. Y rendición.

La rendición la manifestamos renunciando a identificarnos con nuestras opiniones, nuestras preferencias, nuestras creencias, nuestros juicios, nuestros gustos, nuestros deseos...

La rendición —que es la rendición de nuestro Yo psicológico, la rendición de nuestro carácter, de nuestra personalidad, de nuestra singularidad— se parece mucho a desnudarse interiormente.

Consiste en soltar, en dejar caer todos nuestros disfraces, máscaras, abalorios y maquillajes interiores.

Dejamos de sostener, de soportar esa identidad que solo se concibe en la separación respecto de todo lo demás, en la diferencia, en lo especial.

«Porque yo soy así», «porque a mí me gusta», «porque yo pienso»...

Porque yo...

Porque yo…

¿Qué ocurre cuando dejamos caer todo ese ruido?

¿Qué espacio se abre en nuestro interior?

Cuando hablamos de rendición, queremos decir soltar, entregar, como un guerrero que ha sido vencido y rinde sus armas.

Nosotros, sentados para la práctica de meditación, somos invitados —por nuestra postura— a rendir nuestros discursos, nuestras narrativas, los ruidos del ego.

Atención. Y rendición.

44

Fondo y figura

Cuando nos sentamos a meditar, observamos cómo circula la energía por nuestro cuerpo.

Observamos sin intervenir.

Observamos cómo se está produciendo —en cada uno de nosotros— la respiración.

Observamos el latido de nuestro corazón.

Tomamos conciencia de las sensaciones en nuestro cuerpo.

Con la misma imparcialidad, con la misma ecuanimidad... observamos nuestro estado emocional actual.

No tenemos prisa en nombrar lo que sentimos.

No tenemos prisa en ponerle una etiqueta a las emociones.

Observamos las emociones que experimentamos, aquí y ahora, antes de que entren en el dominio del lenguaje.

Simplemente, observamos, tomamos conciencia de lo que sentimos, aquí y ahora.

Tal vez hay rastros de emociones que nos resultan familiares.

Observamos ese movimiento de las emociones.

¿Qué tonalidad, qué coloración, cuál es el contenido cromático de lo que estoy sintiendo?

¿Qué tipo de luz viaja en las emociones que siento ahora?

¿Qué paisajes me evocan estas emociones?

Cuando nos sentamos a meditar, abrimos un espacio en donde establecer un vínculo íntimo con nuestras emociones.

Observamos las imágenes, los pensamientos, los recuerdos que aparecen en nuestra mente.

No les damos nombre.

Simplemente, contemplamos ese movimiento, esas formas que pasan por la pantalla de nuestra mente.

Simplemente, nos limitamos a la contemplación.

Observamos la energía que circula por nuestro cuerpo.

Observamos su coloración, su ritmo, su música.

Tomamos conciencia de la respiración, de las sensaciones corporales, de la atmósfera emocional en la que estamos inmersos, del movimiento de los fenómenos mentales.

Luego ponemos nuestra atención en lo que hay «detrás» de todos esos fenómenos.

De lo que hay detrás de las sensaciones físicas, detrás de las emociones, detrás de la actividad mental.

Observamos el fondo sobre el que se recortan esas figuras.

Observamos el espacio infinito en donde esos fenómenos aparecen, pasan, desaparecen.

Simplemente, contemplamos el espacio en el que se suceden los fenómenos.

Gracias a esta práctica contemplativa nos impregnamos, nos hacemos Uno con el silencio de ese espacio, con su infinitud, con su ilimitada capacidad de acogida.

Nos hacemos Uno con su paz. Con su quietud. Con su transparencia.

Simplemente, aquí y ahora, permanecemos sentados, contemplando el espacio donde se suceden los fenómenos.

Simplemente contemplamos el espacio en donde ocurren los fenómenos.

Nuestra atención a ese fondo lo trae al primer plano: lo convierte en figura.

Los fenómenos pasan a un segundo plano: se transforman en fondo.

Contemplamos, entonces, esa figura de puro silencio, transparencia, vacío...

Siempre ha estado y siempre estará.

Nuestra atención —habitualmente puesta en los fenómenos— ignora ese espacio.

Generalmente, nos identificamos con los fenómenos y nos olvidamos de esa espaciosa y silenciosa condición original que es la nuestra.

Cuando nos sentamos a meditar observamos nuestra postura, la energía que circula por nuestro cuerpo, las emociones, los pensamientos...

Nos mantenemos conscientemente sentados.

Conectados con la tierra y apuntando con la coronilla hacia el cielo.

Despiertos.

Alerta.

Contemplativos.

Abiertos.

Quietos.

Vivos.

45

Sentir

Cuando nos sentamos a meditar, a veces llevamos la atención a nuestras piernas.

Tomamos plena conciencia de todos los puntos donde nuestro cuerpo se apoya en el suelo.

Nuestra atención busca la parte baja del cuerpo: las piernas, las rodillas, las nalgas.

A lo largo del día —a menos que tengamos algún dolor— nuestra atención suele estar puesta en nuestro espacio mental, en los fenómenos que ahí se producen.

Cuando nos sentamos a meditar —voluntariamente, intencionadamente— quitamos la atención de nuestro espacio mental y la traemos a nuestro cuerpo físico.

En lugar de una realidad hecha de ideas, de pensamientos, de recuerdos, de fantasías... cuando meditamos empezamos a crear una realidad hecha de sensaciones, de experiencias encarnadas y en tiempo presente.

Esas sensaciones corporales se producen las veinticuatro horas del día, pero al no prestarles atención, no suelen formar parte de nuestra realidad.

Las sensaciones corporales no son más reales que los pensamientos o que las emociones, pero en el proceso de autoconocimiento son más eficaces.

Porque las sensaciones corporales son fenómenos del presente.

Al meditar, preferimos llevar la atención al cuerpo —la respiración, el contacto con el suelo y el aire— porque nos ayuda a cultivar la presencia.

La práctica de la meditación bien podría definirse como la transformación de las sensaciones en «sensaciones sentidas», en sensaciones conscientemente experimentadas.

Cuando llevamos nuestra atención a las sensaciones, nos convertimos en testigos de su evolución.

Presenciar la evolución de nuestras sensaciones corporales es presenciar la evolución de la vida.

Nuestra vida se transforma, entonces, en una vida consciente.

Nuestro cuerpo físico —nuestro humano encarnado en un cuerpo— evoluciona... gracias a la presencia de una conciencia que es puro amor.

La calidad de cualquier experiencia humana se transforma radicalmente en presencia del amor.

El limitado humano que somos —este humano condenado a equivocarse, a enfermar, a envejecer y a morir— encuentra alivio existencial cuando se sabe en compañía de esa presencia amorosa.

Cuando nos sentamos a meditar, dedicamos una atención amorosa a la experiencia del humano sentado, aquí, ahora, en lucha con su agitación mental, en lucha con sus tormentas emocionales, en lucha con sus penalidades físicas.

Y esto lo hacemos —aquí y ahora— llevando nuestra atención a las sensaciones corporales, convirtiéndonos en testigos amorosos de su evolución.

Una atención amorosa es una atención que no juzga, que no compara, que no opina ni crea categorías.

Una atención amorosa es... una atención sin historia.

La atención que, cuando meditamos, dirigimos a nuestras sensaciones corporales, no está sostenida ni apoyada por ninguna narrativa.

Experimentamos, conscientemente, ser una atención carente de cualquier discurso desarrollado en el tiempo. Es decir, despojada de pasado, carente de futuro.

Nos permitimos ser una atención sin pasado, sin infancia, sin padres.

Nos permitimos ser una atención que nace en el mismo instante, aquí y ahora.

Es una atención que no arrastra creencias, ni opiniones, ni prejuicios morales, ni preferencias estéticas.

Es una atención dispuesta a acoger lo que aparece, sin las gafas que establecen categorías, que lo dividen todo entre el Bien y el Mal.

Esta atención no discrimina; no se ve afectada por los gustos, por las preferencias o por las aversiones.

Es una atención que no rechaza nada, que no se aferra ni se apega a nada.

Cuando nos sentamos a meditar, nos permitimos experimentar —conscientemente— esa ausencia de pasado, esa ausencia de futuro, esa plena presencia sin el lastre de lo aprendido, de lo ya sabido, de lo que culturalmente hemos recibido.

Nos permitimos, por un momento, llegar al hueso del vacío, de la pura conciencia. Sin pasado. Sin futuro. Plenamente, aquí y ahora.

Abrimos esa atención amorosa a cualquier fenómeno que se presente: a la incomodidad física, a la inquietud mental, al ir y venir de las emociones, a las fantasías, a los deseos, a los pensamientos, a los recuerdos...

No rechazamos nada, no aferramos nada.

Es —la nuestra— una atención sin historia. Transparente, silenciosa, puro amor.

Llevamos nuestra atención silenciosa y amorosa a nuestras piernas.

Tomamos conciencia del contacto con el suelo.

Llevamos nuestra atención a las sensaciones corporales y, así, las transformamos en sensaciones sentidas, sensaciones conscientemente experimentadas. Y presenciamos su evolución.

De la misma manera, vemos llegar y pasar los fenómenos mentales, las emociones, las voces que hablan en nuestro interior.

Nada rechazamos, nada aferramos. No juzgamos. No opinamos.

A todos los fenómenos propios de la existencia humana, los acompañamos con una presencia amorosa.

Dejamos evolucionar las sensaciones corporales, plenamente conscientes.

Dejamos pasar los pensamientos.

Nos mantenemos presentes, aquí y ahora, con todo lo que la vida nos trae.

A cualquier fenómeno que aparezca, le ofrecemos un espacio amoroso, para que sea.

46

Ni hacer ni tener

Cuando nos sentamos a meditar, vamos entrando poco a poco en nuestra postura.

Dedicamos los primeros minutos a entrar, con nuestra conciencia, en el cuerpo.

Nuestra atención —que a lo largo del día está captada, secuestrada por nuestros fenómenos mentales y las pantallas que los prolongan y reflejan— suelta, ahora, esos objetos y se dirige hacia las sensaciones corporales.

Durante un rato, nos desentendemos de ese mundo hecho de pensamientos, de discursos, de recuerdos, de imágenes, de opiniones, de deberes, de creencias... y nos centramos en cosas más concretas y, sobre todo, actuales.

Nos preparamos para habitar un mundo de sensaciones, un mundo íntimamente ligado a nuestra postura, a nuestra respiración, a nuestro esqueleto, a nuestras articulaciones y músculos.

A lo largo del día no hemos parado de hacer cosas.

Ahora, al meditar, durante un rato cambiamos ese «modo», renunciamos a «hacer», incluyendo la renuncia a «hacer meditación».

Simplemente, permanecemos sentados.

Conscientes de estar aquí, sentados.

Nuestra actitud —mientras permanecemos conscientemente sentados— es una actitud de renuncia.

Renunciamos a «hacer» cosas y también renunciamos a «obtener» algo de nuestra permanencia aquí sentados.

Renunciamos a aprender algo.

Renunciamos a mejorar en algo.

Podríamos decir que —nuestra renuncia— es una renuncia al futuro.

De este modo, con esta actitud, permanecemos conscientemente sentados, en el presente, abiertos a acoger todo aquello que el presente nos ofrezca.

Nos sentamos, entonces, para vivir conscientemente la experiencia del presente.

Vivir la experiencia del presente es lo que muchas personas conocen como... «Dios».

Vivir la experiencia del presente es lo que muchas personas conocen como... «el poder del ahora».

Naturalmente, a nosotros nos resultan indiferentes las palabras que se usen para nombrar la experiencia del presente.

Nos resulta indiferente el mapa: nos importa el territorio, la experiencia del presente, plenamente vivida en conciencia: la plena presencia.

Nuestro cuerpo físico es el vehículo que nos lleva a la experiencia del momento presente.

Si traemos nuestra atención a nuestro cuerpo —y a las sensaciones que nuestro cuerpo nos está transmitiendo— llega a nosotros el poder que late en el instante presente.

Atención y cuerpo.

No es por casualidad que cuando, en la vida cotidiana, nuestra atención está captada, secuestrada por nuestros objetos mentales o por alguna pantallita, nos sintamos «abandonados de la mano de Dios».

No es casualidad que, en esas circunstancias de alienación, rindamos nuestro poder y sintamos que «no somos capaces», que «no podemos».

Traemos la atención al cuerpo.

Traemos la atención al presente.

Renunciamos a hacer algo.

Renunciamos a todo propósito.

Permanecemos conscientemente sentados, acompañando a nuestro cuerpo sentado con una presencia amorosa.

El amor es la cualidad más significativa que tiene la atención que estamos dando a nuestro cuerpo.

Por ser amorosa, por ser compasiva, esa atención no enjuicia ni critica.

Cuando nos sentamos a meditar nos permitimos experimentar —conscientemente— el impacto que ejerce en nuestro cuerpo físico esa energía amorosa que habita nuestra atención.

Al meditar, traemos esa atención amorosa, compasiva, a nuestra postura, a nuestra respiración, a las distintas sensaciones que van apareciendo en el campo de la atención.

Si lo que aparece son pensamientos, los acogemos con el mismo amor.

Si lo que aparece son emociones, les damos la misma acogida.

Nada modifica nuestra actitud, nuestra intención de brindar una atención amorosa a cualquier fenómeno que entre en el campo de la atención.

Es una atención silenciosa, que no critica, no comenta, no analiza.

Es infinitamente espaciosa: cabe en ella cualquier fenómeno.

Renunciamos a los objetivos.

Renunciamos al futuro.

Permanecemos en el presente.

Tomamos conciencia de la plenitud de este instante.

Traemos nuestra atención al cuerpo, a nuestra postura, a nuestra respiración, a lo que —en nuestro cuerpo— está sucediendo ahora.

Traemos nuestra atención al presente.

Damos a nuestro cuerpo la compañía de una presencia de amor incondicional.

Permanecemos —sentados, instalados, arraigados…— en el amor incondicional.

47

Simplicidad

Cuando nos sentamos a meditar, simplemente… permanecemos sentados.

Para convertir nuestra práctica en algo realmente simple, renunciamos a cualquier objetivo. Renunciamos a cualquier pretensión de obtener algo a través de la práctica.

Esa renuncia le quita a nuestra práctica gran parte de su complejidad.

Para ir hacia la simplicidad aún más, renunciamos también a la idea de que podemos hacerlo bien o hacerlo mal.

Y damos un paso más hacia la simplicidad. Renunciamos a cualquier opinión acerca de la práctica: si es difícil o no, fácil, aburrida, entretenida, interesante…

Simplificamos.

Y observamos cómo, con cada paso que damos hacia la simplicidad, se va despejando un espacio.

Simplemente, permanecemos sentados. Sin objetivos. Sin opiniones.

Nos mantenemos sentados, conscientes de nuestra postura, de la respiración, de las sensaciones corporales que nos produce tal vez el frío, tal vez la fatiga, tal vez la incomodidad…

Somos conscientes.

Observamos cuán simple es el silencio.

Observamos el ir y venir de la respiración.

Observamos el ir y venir de los pensamientos.

Observamos el ir y venir de las sensaciones corporales.

Todo se da en un movimiento muy simple, muy sencillo, muy elemental.

¿Qué nos hace sentir tanta simplicidad?

¿Qué nos hace sentir reconocernos a nosotros mismos en tanta simplicidad?

Observamos cuán simple es, cuán despojado se encuentra el espacio por donde van y vienen los pensamientos, las imágenes, los recuerdos, las fantasías, los deseos...

Dejamos que nuestra atención explore nuestro cuerpo.

Permanecemos conscientemente sentados. Despiertos. Atentos. Arraigados en este instante.

Permanecemos cómodamente instalados en ese espacio infinito que genera nuestra renuncia.

48

Aprecio

Cuando nos sentamos a meditar, permanecemos atentos al instante presente.

Meditar es permanecer atentos al instante presente.

Meditar no es una práctica mental ni abstracta; es una práctica de la conciencia.

Porque es una práctica de la conciencia, es una práctica física, corporal.

Porque es una práctica física, traemos nuestra atención al cuerpo, a nuestra postura corporal.

Nuestra práctica meditativa consiste en estar sentados... conscientemente.

Somos conscientes de que estamos sentados... y de cómo estamos sentados.

Somos conscientes de todas las partes de nuestro cuerpo que están en contacto con el suelo, con la colchoneta, con el cojín de meditación... Sentimos eso.

También somos conscientes de nuestro peso, de nuestro volumen, del espacio que ocupamos.

Somos conscientes de que estamos respirando.

Somos conscientes de la saliva que tenemos en la boca.

También tomamos conciencia de nuestros hombros, y eso nos permite dejar caer todo lo que cargamos en ellos, física y simbólicamente.

Al llevar nuestra atención a los hombros, todos esos pesos se escurren.

Y —si llevamos la atención a la garganta— la garganta se afloja.

La lengua descansa en la boca.

El maxilar inferior se distiende, se relaja.

Los ojos se ablandan.

Vamos escaneando nuestro cuerpo y, ahí donde pasa la luz del escáner (la atención), se abre espacio, se sueltan tensiones, se deja de «hacer».

Simplemente, permanecemos sentados, conscientes de nuestra postura, conscientes de las distintas sensaciones que aparecen en nuestro cuerpo: molestias, picores, dolores, tensiones…

Meditar es darme cuenta de lo que está pasando en mi cuerpo.

Meditar es, también, observar lo que pasa en mi mente.

Es una observación sin juicio, sin críticas.

Simplemente, me doy cuenta de que, en la mente, se suceden pensamientos, imágenes, frases, deseos…

Todo está bien.

Meditar es, también, darme cuenta de las emociones que voy experimentando. Sin juzgar; no hay ninguna emoción mala o prohibida. No establecemos ninguna categoría.

Meditar es, sobre todo, olvidar.

Olvidar todo lo que no está aquí en este momento.

Olvidar todo lo que creo saber y... con lo que suelo identificarme.

Olvidar lo que «creo ser».

Olvidamos todo lo anterior a este instante.

Nos mantenemos aquí, sentados, sin biografía. Sin ninguna narrativa acerca de nosotros mismos.

Olvidamos también nuestras preferencias, nuestras aversiones, nuestros prejuicios, nuestras creencias...

Olvidamos todo aquello con lo que nos identificamos, todo aquello que creemos que son componentes de nuestro Yo.

Ahí donde antes había un relato, una historia, un personaje... ahora solo hay vacío.

Lo único que existe es el instante presente, continuamente renovado, siempre fresco, siempre ofreciéndonos la posibilidad de vivirlo por primera vez.

Todo es ahora.

Permanecemos instalados en la quietud, en el silencio, en la plenitud del instante presente.

Nunca, antes, habíamos vivido este instante.

Cada instante nos regala la oportunidad de vivir una experiencia única, irrepetible.

Nunca, antes, habíamos tenido la oportunidad de ser quienes somos aquí y ahora.

La meditación, por eso, es también una manera de apreciar la vida, de instante en instante.

Cuando nos sentamos a meditar en grupo, por ejemplo, la vida nos regala la oportunidad de compartir la meditación. Nos regala momentos de calma, de recogimiento, como un oasis en medio de la agitación y el ruido de la ciudad.

La vida nos regala la salud, que nos permite sentarnos; la disponibilidad de tiempo para esta práctica.

Son infinitas las cosas que podemos apreciar en cada instante.

El aprecio nos abre la puerta de la gratitud.

Y la gratitud... nos abre el corazón.

En ese sentido, meditar es una práctica amorosa.

Nos sentamos, permanecemos sentados, aceptamos el instante presente tal como es, apreciamos los dones de cada instante, agradecemos a la vida que cada uno de nosotros está encarnando, aquí y ahora.

Permanecemos sentados, en el amor.

Tomamos conciencia de nuestra postura.

Nos hemos detenido, nos hemos instalado en la quietud para observar en nuestro interior.

Observamos el interior de nuestro cuerpo, y observamos todos los fenómenos que se suceden en nuestro espacio mental. Y lo hacemos sin criticar, sin adjetivar, sin enjuiciar.

Cuando digo que olvidamos, estoy diciendo que es imposible aprender a meditar.

Aprender es acumular. Aquí y ahora, mientras estamos sentados en meditación, no acumulamos nada, no guardamos nada, no retenemos nada.

Olvidamos el pasado y no aferramos nada para el futuro.

En ese sentido, meditar es también renunciar.

Permanecemos sentados, renunciando a atesorar nada, a aprender nada, a capitalizar nada.

Nos ceñimos, estrictamente, al instante presente.

Este eterno instante presente.

Todo es ahora.

Nunca, antes, habíamos vivido este instante.

No dejamos pasar la oportunidad de apreciarlo, de reconocer en él todos los dones.

No perdemos la oportunidad de abrir nuestro corazón al instante presente y a lo que este instante nos trae.

Celebramos la infinitud del instante.

Celebramos su quietud, su silencio, su generosa acogida.

Cuando nos permitimos parar y observar (sin juicio), el instante presente nos permite reconocer sus infinitos dones.

Cada momento de vida, de poder sentir el contacto con la Tierra, de poder saborear algo, de poder ver algo, de poder tocar, de poder oler... es un milagro.

Cuando nos paramos y apreciamos, es casi inevitable agradecer a la vida tantos y tantos dones maravillosos.

En un instante podemos recordar muchas cosas, podemos imaginar muchas cosas, podemos crear universos.

Todo el ciclo de la vida y de la muerte tiene lugar en este instante.

49

Ahora

Cuando nos sentamos a meditar, aprovechamos los primeros minutos de la práctica para tomar conciencia de nuestra postura.

Nos dejamos sentir el contacto con el cojín, con la colchoneta, con el suelo...

Nos volvemos conscientes de nuestro peso.

Imaginamos que un hilo —que pende del cielo— tira de nuestra coronilla hacia lo alto.

Al mismo tiempo, la parte baja del cuerpo busca echar raíces. Raíces que apuntan hacia el centro de la Tierra.

Eso estira nuestra columna, nos mantiene vivos, despiertos, alertas, atentos.

Estamos atentos a lo que ocurre en nuestro cuerpo, a las sensaciones corporales...

Estamos atentos a los fenómenos que se producen en nuestra mente.

Es una atención sin juicio, sin crítica. Es una atención... amorosa.

Podríamos decir que meditar es observar —con amor y compasión— lo que pasa en nuestro interior.

Todos, alguna vez, hemos observado con amor a un bebé, a un cachorro, a un colibrí.

En una observación de esa calidad hay apertura, receptividad y plena aceptación de lo observado.

Así es como observamos —aquí y ahora, durante la práctica— nuestros pensamientos, nuestras molestias físicas, nuestros deseos, nuestras emociones.

Abiertos, receptivos, compasivos, sin aferrar nada, sin rechazar nada.

Nuestra práctica se reduce a permanecer sentados, a permanecer quietos, a permanecer en silencio, observando, contemplando lo que sucede, de instante en instante.

Aquí y ahora, renunciamos al pasado, renunciamos al futuro, centramos nuestra atención en el instante presente.

El instante presente es nuevo, inédito.

Nunca, antes, habíamos experimentado la vida tal como es en este instante.

Nunca, después, volveremos a experimentarla de la misma manera.

Todo es ahora.

El momento de nuestro nacimiento... era ahora.

Este momento es... ahora.

El momento de nuestra muerte será... ahora.

Todo es ahora. Todo ocurre ahora.

Nacemos, vivimos y morimos… ahora.

Lo que consideramos «vivir» es también nacer... y también morir.

Todo es ahora.

Lo que llamamos «nuestro destino» ... está siendo escrito —y cumplido— en el instante presente.

Un instante de meditación es... eterno.

Nos limitamos a permanecer sentados, aquí y ahora.

Para permanecer con nuestra atención en el instante presente, nos sentamos renunciando a cualquier propósito.

No esperamos nada del futuro.

No le pedimos a la vida nada que no sea lo que nos está ofreciendo ahora.

Todo lo que la práctica puede ofrecernos, nos lo está dando en este instante.

Podríamos decir, entonces, que nos sentamos a meditar… para nada.

Sin esperar.

Renunciamos a la cronología, al tiempo sucesivo.

Todo es ahora.

Permanecemos sentados, brindando atención amorosa a lo que sucede en este instante.

Sentados, quietos, nos dejamos inundar por el silencio. Como si el silencio brotara de la Tierra y fuera subiendo, fuera cubriéndonos lentamente, penetrando nuestro cuerpo.

Con nuestra atención, podemos ir siguiendo el lento avance del silencio.

Sobre todo, si tenemos molestias o dolores en las piernas, dejamos que esas zonas doloridas se empapen, se inunden de silencio.

Ese silencio amoroso, cálido, compasivo, trae consigo una energía aliviadora, reconfortante, a esos lugares donde el dolor lo ocupaba todo.

Ese silencio que nos va penetrando y envolviendo genera en nosotros una sensación de espacio, de apertura. Es un espacio transparente, puro. Es una energía que trae alivio.

Esa energía trae los efectos benéficos del amor que ponemos en nuestra atención.

Todo nuestro cuerpo se va colmando de silencio.

Al final, es como estar sentados, quietos, en el fondo de un pozo lleno de silencio.

Nuestros pensamientos se ahogan en este mar de silencio.

Nuestro cuerpo rebosa de espacios vacíos.

El silencio masajea desde dentro y desde fuera nuestras zonas doloridas, molestas, incómodas.

Permanecemos sentados, inmersos en el silencio, sin propósitos.

Sentarse a meditar es sentarse a no hacer.

Sentarse a meditar es sentarse a ser una persona sentada, consciente; es estar aquí, ahora, arraigados en el instante presente.

Nos entregamos a la quietud, al silencio.

Contemplamos con una atención amorosa todos los fenómenos.

Aceptamos el instante presente, tal como es.

Observamos los fenómenos de la vida presente con los ojos del corazón.

50

Fuente

Cuando nos sentamos a meditar, lo primero que hacemos es traer nuestra atención al cuerpo.

Queremos ser conscientes de cómo estamos sentados.

¿Cómo están mis piernas?

¿Cómo está mi columna vertebral?

¿Cómo están mis manos?

¿Cómo está mi nuca?

¿Cómo está mi rostro?

¿Cómo está mi lengua?

¿Cómo están mis ojos?

Observo, sin juzgar.

Constato —aquí y allá, en todo mi cuerpo— distintas sensaciones físicas.

Soy un mero testigo, un notario.

Para observarme, abandono todo prejuicio, toda creencia, toda preferencia y toda aversión.

Mi atención permanece aquí, en mi cuerpo.

No tengo nada que hacer.

En nuestra práctica, no hay premio ni castigo.

Nos podemos permitir permanecer sentados, sin temor alguno, en completa calma.

Esta profunda quietud —que estamos cultivando— nos permite reconocer, detectar los más mínimos movimientos.

Movimientos en el cuerpo, producidos por el ir y venir de nuestra respiración; movimientos emocionales, movimientos en la mente, con imágenes, frases, pensamientos, palabras...

Desde nuestra quietud, observamos ese ir y venir de las sensaciones físicas, de los pensamientos, de las emociones...

Observamos el movimiento de la vida.

Todo lo que sentimos, aquí y ahora, es un incontrovertible testimonio de nuestra vitalidad.

Nuestra vitalidad se manifiesta a través del movimiento: el movimiento físico, el movimiento en la mente, el movimiento de las emociones…

Tomamos conciencia de esa vitalidad plena que encarnamos; la vitalidad que cada uno de nosotros es.

Permanecemos atentos a este mismo instante, en el que la vitalidad se manifiesta en nosotros.

La vida se manifiesta ante nuestros ojos, completa, en cada instante.

A este instante, que cada uno de nosotros vive, no le falta nada: es completo y perfecto.

Si tenemos la necesidad o la curiosidad de experimentar lo absoluto, lo ilimitado, basta con que observemos este instante.

Por eso decimos que un instante de meditación, de presencia plena, es eterno.

Este instante, el presente, es eterno.

Este instante presente es el de nuestro nacimiento, nuestra existencia y nuestra muerte.

Nuestra percepción nos engaña, solo nos hace ver un tiempo sucesivo, cronológico, que corre y se nos escapa, que no podemos alcanzar.

Cuando nos instalamos en el presente, comprobamos que no se mueve, que siempre es ahora.

Ahora estamos naciendo. Ahora estamos viviendo. Y ahora estamos muriendo.

Si nos mantenemos atentos a este instante presente, inmóvil, silencioso, podremos acceder a todos los tiempos, a todas las vidas que hemos podido vivir en el pasado y a todas las que viviremos en el futuro.

Todo es ahora.

Es el tiempo del acontecimiento, Kairós, el tiempo eternamente presente.

Traemos la atención al cuerpo. Porque el cuerpo siempre está aquí.

Traemos la atención a las sensaciones físicas. Porque solo podemos sentir ahora.

Esta es nuestra manera de asegurarnos una buena calidad de presencia.

Instalados en el presente de nuestro cuerpo, podemos observar el movimiento de los fenómenos, de los pensamientos, de las emociones, de los deseos...

A todos los fenómenos que aparecen... les ofrecemos el infinito espacio de la atención.

Es un espacio —el de la atención— en el que vibra una energía plenamente amorosa. Es ese amor el que nos permite acoger cualquier fenómeno sin juzgarlo, sin criticarlo.

Traemos esa atención plenamente amorosa a nuestro cuerpo.

Permanecemos sentados, quietos, acompañados por esta presencia amorosa que la atención trae hasta nosotros.

Permanecemos sentados, vibrando en esa energía amorosa que la atención trae a nuestro cuerpo.

Tomamos conciencia del amor que vibra en nuestro esqueleto.

Tomamos conciencia del amor que circula por nuestras venas.

Tomamos conciencia del amor que baña cada una de nuestras células.

Nuestra atención es portadora de amor.

Nuestra atención —aquí y ahora— es una fuente inagotable de amor.

51

Entre cielo y tierra

Cuando nos sentamos a meditar, la parte inferior de nuestro cuerpo está bien arraigada en la Tierra.

Tomamos conciencia de todos los puntos de apoyo en la Tierra.

Tomamos conciencia de ese contacto con la Tierra.

Tomamos conciencia de cómo esta nos acoge, nos soporta, nos sostiene.

Esa solidez y esa acogida nos hacen confiar en la Tierra.

Podemos entregarnos a ella, podemos —a través de nuestro cuerpo— experimentar la confianza.

Y esa confianza nos permite soltar...

Nuestro cuerpo, confiado, deja de controlarse: se entrega plenamente a la postura que adoptamos.

Al mismo tiempo, nuestra coronilla parece tirada por un hilo invisible desde el cielo.

Nuestra columna vertebral se mantiene, así, recta, firme, como una estaca clavada en la tierra.

Esas raíces hundidas en la tierra —y ese hilo invisible que orienta nuestra coronilla hacia el cielo— nos mantienen vivos, despiertos, atentos, alertas.

Nuestra postura en la meditación combina, entonces, la confianza —el soltarse— y un estado de alerta, de atención plena.

Al soltar, dejamos de oprimir y de retener nuestros órganos internos: permitimos que la fuerza de la gravedad los conduzca a un lugar de reposo.

Dejamos que la fuerza de la gravedad haga caer toda carga de nuestros hombros: memorias, rencores, culpas…

Dejamos que todo eso se escurra. Dejamos de cargar. Así, nuestros hombros se sueltan, bajan, facilitan nuestra respiración.

Así, también, nuestro pecho deja caer sus corazas defensivas.

La confianza que nos da la Tierra nos permite exponernos, mostrarnos vulnerables y, al mismo tiempo, seguros, firmes, quietos, en equilibrio.

Nuestra respiración, además de proporcionarnos oxígeno, nos ayuda a instalarnos en el silencio.

Nuestro cuerpo es atravesado por la energía de la confianza, de la quietud, del silencio, de la vulnerabilidad.

Simplemente, nos mantenemos sentados, conscientes de estar plenamente vivos, confiados, abiertos.

La fuerza de la tierra y la fuerza del cielo nos mantienen alineados, centrados.

La postura que adoptamos —y la actitud con la que permanecemos sentados— nos facilita la renuncia a cualquier propósito.

Nuestra práctica consiste en permanecer presentes, aquí y ahora, entre el cielo y la tierra, sin enjuiciar, sin criticar.

Nuestra práctica consiste en dirigir una mirada hacia el interior para tomar conciencia de lo que hay ahí en este momento, de lo que hay en nuestro cuerpo, de lo que hay en nuestra mente.

Desarrollamos, así, una conciencia testigo. Es una conciencia sin juicios, sin preferencias y sin aversiones.

No comparamos el momento presente con lo que suponemos que debería ser el momento presente.

Lo acogemos tal cual es.

Hoy, en la sala de meditación, hay muchísimo ruido. En el piso de arriba la gente camina, mueve muebles, golpea con los tacones de sus zapatos. Nada más parecido a la vida tal cual es.

Practicar meditación no consiste en apartarnos de la vida. Todo lo contrario.

Es vivirla conscientemente.
Vivir la molestia... conscientemente.
Vivir la frustración, la decepción, la ira... conscientemente.
Vivir la indiferencia... conscientemente.
Tomamos conciencia de nuestra postura.
Nos instalamos en la quietud y en nuestro silencio interior.
Nunca antes habíamos vivido este instante.

Abrimos nuestra atención sin juicio para poder experimentar —a fondo, conscientemente— el milagro de estar vivo, aquí y ahora, entre el cielo y la tierra.

Tomamos conciencia de lo extraordinario y maravilloso que es respirar.

De lo extraordinario y maravilloso que es oír el mundo, los sonidos de la vida a nuestro alrededor.

De lo mágico que es constatar cómo late nuestro corazón, y cómo corre la sangre por nuestras venas.

La calidad de nuestra atención —que no rechaza nada, que no aferra nada— nos permite experimentar el aprecio por la vida.

El aprecio por tantos dones con los que la vida se manifiesta —aquí y ahora— en cada uno de nosotros, momento a momento, entre el cielo y la tierra.

Nuestra postura física —quieta, silenciosa— es la representación de ese aprecio a la vida.

Gracias a la calidad de la atención, cada una de nuestras células vibra en la energía del aprecio a la vida.

La fuerza y el poder de esa energía borran de nuestro espíritu toda queja, toda lamentación, toda crítica, toda comparación.

Con cada inspiración... se refuerza en nosotros el aprecio a la vida, tal como es, aquí y ahora, entre el cielo y la tierra.

Reconocemos y experimentamos —conscientemente— el infinito espacio que la atención nos regala y que se dilata en nuestro interior, gracias a este aprecio a la vida, tal como es.

En ese espacio interior hay paz, hay quietud, hay silencio, hay amor, hay compasión.

Es en ese espacio infinito, en ese silencio profundo, donde podemos acoger el ruido del mundo. Y no me refiero solo al ruido de los vecinos del piso de arriba. Incluyo, también, el ruido de nuestra mente, la agitación de nuestros pensamientos, el hervidero de nuestras emociones.

Todo cabe en ese espacio, entre cielo y tierra.

52

Humanos sentados

Cuando nos sentamos a meditar, empezamos por llevar la atención a nuestro entrecejo.

Soltamos, allí, toda tensión, toda actividad, toda voluntad, toda búsqueda, toda pregunta.

Dejamos que esa dilatación —que esa apertura— se expanda por nuestra frente, por todo el cuero cabelludo, por nuestro cráneo...

Y dejamos que esa dilatación alcance también a nuestros ojos, que se vacían de todo deseo de mirar. Nuestros globos oculares se vuelven blandos, como si flotaran en sus cuencas.

Esa dilatación alcanza también a nuestros párpados y a nuestra lengua.

La raíz de nuestra lengua se distiende, se relaja... y con ella nuestra garganta.

Llevamos la atención a nuestros hombros: dejamos caer todo peso, toda carga.

Tomamos plena conciencia de nuestra postura.

Nos entregamos a la quietud y al silencio.

Somos conscientes de estar aquí, sentados, quietos, despiertos, testigos de todo tipo de fenómenos que ocurren en nosotros.

Nos abandonamos, nos entregamos, nos rendimos.

Renunciamos a buscar algo, a cambiar algo, a aprender algo.

Simplemente, aceptamos este instante tal como es.

Nos enfrentamos al vacío.

No tenemos nada que hacer.

A lo largo del día, hemos hecho miles de cosas.

Hemos sido los que hacían cosas.

Los que hacían cosas con sus manos, con sus pies, con sus ojos, con sus bocas, con sus intelectos.

Aquí y ahora, ya no somos los que hacen.

Aquí y ahora, tan solo somos.

Ni siquiera «hacemos» meditación.

Nos limitamos a ser humanos sentados, sin ningún propósito, sin ninguna meta, sin ningún objetivo que alcanzar.

Permanecemos sentados, quietos, en silencio: para nada.

Permanecemos sentados, quietos, en silencio, aceptando el instante presente, tal cual es.

Observamos cómo se siente en el cuerpo esto de ser un humano sentado... para nada.

¿Cómo experimentamos, en el cuerpo, no tener nada que hacer?

¿Cómo vivimos ese vacío de propósitos?

Observamos cuánta carga, cuánto peso cae de nosotros junto con el «hacer».

Observamos cuánto espacio se abre, se libera, cuando simplemente somos.

Somos humanos atentos, conscientes, que se limitan a ser quienes son.

Que no buscan llegar a ser otros.

Traemos la atención a nuestro cuerpo; es una atención amorosa, cálida, que no juzga, que no critica.

Observamos —con esos ojos de nuestra conciencia, con esos ojos cargados de amor y de compasión— lo que pasa en nuestro cuerpo.

Con esa misma mirada, observamos los fenómenos que se suceden en nuestra mente. Sin juzgar. Sin criticar.

Vemos pasar pensamientos, imágenes, fantasías, deseos, frases, recuerdos.

Somos meros testigos.

Nuestra práctica no puede ser más sencilla: permanecemos sentados.

Dirigimos la mirada hacia nuestro interior.

Cuando nos sentamos a meditar, nos sentamos a contemplar un espacio vacío.

En ese espacio vacío vemos pasar muchos fenómenos: sensaciones físicas, pensamientos, emociones...

Nuestra actitud es la de no rechazar nada ni aferrar nada. Simplemente, dejamos pasar.

Cuando ponemos la atención en ese espacio, nos instalamos en un tiempo que no pasa, que es ahora. No hay antes. No hay después.

No venimos de ninguna parte. No vamos a ninguna parte. Estamos aquí, ahora.

Ese espacio infinito y vacío es puro silencio, pura quietud.

Dejamos caer —en el silencio— todos los discursos.

Somos, simplemente, humanos sentados en silencio. Sin ninguna historia. Sin ninguna narrativa.

Somos, simplemente, humanos sentados.

53

Presencia

Cuando nos sentamos a meditar, nos disponemos a practicar la también llamada «práctica de la atención».

Podríamos decir que esta práctica consiste en vivir conscientes. Conscientes de lo que experimentamos en el instante presente.

En algún momento, hemos hablado de no abandonar a nuestro humano, de no volver a traumatizarlo con el abandono, con el rechazo, con la indiferencia...

Los niños necesitan esa presencia y esa atención amorosa de sus mayores. Por eso son tan dependientes de ellos.

El humano que somos necesita, para afrontar las dificultades de la vida, la compañía de una presencia amorosa. Pero ya no puede pedírsela a sus padres, ni a su pareja, ni a sus vecinos, ni a sus amigos, ni a sus jefes, ni a sus subordinados...

Así, al humano que somos, se le abre el camino hacia la libertad, hacia la autodependencia.

Imaginémonos, aquí y ahora, sentados, cada uno de nosotros con sus molestias, sus dolores, sus inquietudes, sus penas y sus alegrías.

Sentados, en un cojín, pero en compañía de una presencia que nos ama incondicionalmente.

Cada uno de nosotros tiene la capacidad de vivir esa experiencia, aquí y ahora.

¿Cómo? Trayendo la atención al instante presente. Permitiéndose vivir plenamente lo que la vida nos trae, aquí y ahora.

No estamos sentados solos y abandonados con nuestras penas, sufrimientos y dolores. No se trata de vivir «otra cosa»; se trata de vivir —lo mismo— en compañía de una presencia que nos ama.

Esa presencia que nos ama es invisible, es intangible, pero jamás nos abandona, siempre está aquí. Para experimentarla, necesitamos abrir nuestra atención a su presencia.

Cuando nuestra atención está en el instante presente, podemos experimentar esa presencia y ese amor incondicional en nosotros.

Vivir atentos —con una atención que no enjuicia— nos abre a la experiencia de la plena presencia. Si tenemos dolor en la espalda —o... en una pierna— y llevamos nuestra atención amorosa y compasiva a esa parte del cuerpo, viviremos la experiencia de estar en compañía de una presencia que nos ama, que nos acepta tal como somos.

También, en el lugar del dolor, de la molestia, experimentaremos la energía del amor.

54

Aquí y ahora

Cuando nos sentamos a meditar dejamos que, poco a poco, la quietud del cuerpo arrastre consigo a nuestra mente hacia su propia quietud.

Es como si dejáramos que la fuerza de la gravedad de la Tierra atrajera todos nuestros pensamientos, todas las imágenes, toda la actividad mental, haciéndola caer en dirección al centro del planeta.

Es como si un poderosísimo imán atrajera cualquier vestigio de agitación, de actividad mental.

Nosotros, simplemente, contemplamos cómo los pensamientos aparecen y caen.

Aparecen y caen.

Nuestra actitud es de completa humildad.

No tenemos ningún poder que ejercer sobre la mente. No podemos impedir que broten los pensamientos. Tampoco tenemos ningún poder sobre la ley de la gravedad. Nos limitamos a contemplar... humildemente... Aceptamos por igual el surgimiento de los pensamientos... y su caída.

Permanecemos sentados, renunciando a cualquier actitud de apego o de rechazo.

Aceptamos el instante presente tal cual es, con todos los fenómenos que aparecen en nuestra conciencia, y digamos que —durante un rato— dejamos de «forcejear» con la vida.

Simplemente, dejamos que la vida sea.

Y abandonamos la pretensión de que la vida sea como no-sotros deseamos que sea o como creemos que la vida debe ser.

Aquí y ahora, podemos tomar conciencia de cómo nos senti-mos cuando dejamos de forcejear con la vida. Cuando aceptamos que la vida sea.

Todo está siendo en este instante. Y abandonamos cualquier deseo o pretensión de que sea diferente. De que el mundo sea diferente. De que yo sea diferente. De que mi familia sea diferente.

Aceptamos —plenamente— el instante presente, tal como es. Nuestra postura es una afirmación.

En nuestra postura no hay condiciones, no hay dudas. Nuestra postura es la encarnación de una inquebrantable afirmación.

No queremos cambiar nada. Y, al mismo tiempo, aceptamos que la vida es cambio.

Observamos cómo los pensamientos nacen, pasan y caen.

Nos mantenemos arraigados en el instante presente, contem-plando el ir y venir de los fenómenos: las distintas sensaciones corporales, el ir y venir de la respiración, la sucesión de nuestras emociones…

Desde nuestra quietud y nuestro silencio, simplemente, ob-servamos.

Nos dejamos ser la observación, esa constatación consciente de los movimientos y cambios con que la vida se manifiesta.

Cuando somos la observación, nos damos cuenta de que en cada instante cabe un silencio infinito.

Nos instalamos en el silencio del instante.

Nos abandonamos al momento presente… dejamos que nos acoja.

Observamos la transparencia de este instante.

Observamos su luminosidad.

Buscamos —con nuestra atención— la alegría de este ins-tante, la quietud, la paz, su amorosa espaciosidad.

Tomamos conciencia de la belleza de este instante; de cuán sutil y ligero puede ser el instante presente.

Tomamos conciencia de su calidez.

Exploramos —con nuestra atención— el núcleo de este instante. La intensidad, el sabor de este instante.

Con toda humildad, contemplamos cómo surgen y cómo caen los pensamientos, las imágenes...

Nuestra práctica —humilde y silenciosa— nos permite visualizar el paisaje que aparece en nuestro interior, de instante en instante.

Nos observamos con honestidad.

Esa atención —sin juicio, sin crítica, sin preferencias— nos vuelve más y más humildes, más y más capaces de aceptar lo que es ahora.

Dejamos surgir y caer los pensamientos.

No cuestionamos lo que es en este instante.

No nos cuestionamos.

Cada uno de nosotros es un lugar único, en el que la vida está siendo, aquí y ahora, en toda su plenitud. Con sus luces y sus sombras.

Contemplamos la vida en nosotros.

Abrimos nuestro corazón a la vida, aquí y ahora.

55

Meditar es amar

Cuando nos sentamos a meditar, acudimos a una cita, una cita íntima: vamos al encuentro de nuestro mundo interior.

La práctica de la meditación es una cita amorosa.

Ese encuentro con nosotros mismos representa un tiempo que rebosa amor.

En nuestra práctica, el vector del amor no es la flecha de Cupido: es la flecha de nuestra atención.

Ofrecemos una atención amorosa a nuestros pensamientos, a nuestras emociones, y a todo lo que está ocurriendo en nuestro cuerpo físico, sea agradable o desagradable.

La práctica de la meditación es una práctica del corazón.

Meditar es amar.

Porque es amorosa, la atención que ofrecemos —aquí y ahora— no conoce el juicio ni la discriminación: acoge todos los fenómenos tal como son.

Nuestra postura física facilita esa apertura del corazón a las experiencias de cada instante.

Así como ofrecemos nuestro pecho, sin defensas, a la vida, la atención amorosa se despoja de todas las defensas: las creencias, las opiniones, los prejuicios, las preferencias y las aversiones.

Nuestra práctica es muy sencilla: se reduce a vivir este instante... conscientemente. Se reduce a abrir nuestra conciencia a lo que la vida nos trae, aquí y ahora.

Puede que, aquí y ahora, la vida nos traiga un dolor en algún lugar del cuerpo.

Puede que nos traiga un recuerdo, una fantasía, un deseo...

Puede que la vida nos traiga, aquí y ahora, una pena, un sentimiento de soledad, un rencor...

Nuestra práctica consiste en acoger, en recibir eso que llega con la vida: acoger con una atención amorosa.

¿Qué hacemos, pues, con eso que llega? ¿Qué hacemos con ese dolor, con ese deseo, con esa tristeza?

No hacemos nada.

Nos limitamos a contemplarlo... con amor.

Nos limitamos a ofrecerle un lugar en nuestro corazón.

Simplemente, acogemos lo que la vida nos trae, de instante en instante.

No aferramos nada, no rechazamos nada.

Ofrecemos, a todo lo que llegue, el infinito silencio de nuestro corazón.

La vida se presenta en nosotros con toda su plenitud, de instante en instante.

Si ofrecemos una atención amorosa al instante presente, tomaremos conciencia de esa plenitud. Y la experimentaremos.

Cuando acogemos el instante presente desde nuestra mente, tenemos la impresión de que a la vida le falta algo todavía, le falla algo, le sobra algo...

Desde la mente, la vida jamás es plena, jamás es perfecta, jamás alcanza su realización.

Pero la vida no es más que lo que cada uno de nosotros encarna, aquí y ahora. Entonces, parece que somos nosotros mismos quienes todavía carecemos de algo, quienes tenemos exceso de algo o quienes, por alguna razón, no podemos experimentar su realización, su plenitud.

Cuando acogemos el instante presente con una atención amorosa, tomamos conciencia de su plenitud y perfección. Tomamos conciencia y experimentamos nuestra propia plenitud, aquí y ahora, nuestra plena realización, aquí y ahora.

Meditar es contemplarnos ser plenamente.

Nada nos falta. Nada nos sobra.

La realización plena es nuestro estado natural.

Por eso, cuando nos enamoramos, vemos a la otra persona con esos ojos sin juicios, que captan la plenitud. Y lo que nos maravilla es su plena realización, lo que es en ese instante.

Cuando alguien nos ama, nos ve tal como somos, plenamente realizados. Es el milagro de contemplar con los ojos del corazón.

En el budismo se suele decir que la práctica de la meditación permite descubrir, permite entrar en contacto con nuestra auténtica naturaleza.

Esta práctica nos invita a aceptar la vida tal como es, con sus luces y sus sombras. Es decir, nos invita a aceptarnos, tal como somos.

Esta práctica nos invita a dar amor incondicional al humano imperfecto y sufriente que también somos.

Nos invita a aceptarlo, con sus maravillosos dones y sus lamentables miserias.

Con su bondad y sus miedos.

Con su egoísmo y su generosidad.

Con su poesía y sus cañones.

56

Instante presente

Cuando nos sentamos a meditar por la noche, venimos de atravesar un largo día. Un día con mucho movimiento, actividades, emociones.

Ahora, al atardecer, cuando nos sentamos a meditar, nos tomamos un tiempo para la quietud.

Dejamos que toda esa agitación —ese revuelo— se asiente como el poso de un café.

Nos sentamos y... renunciamos a toda actividad.

A lo largo del día, nuestra mirada se ha orientado hacia el mundo: pantallas, personas, objetos, paisajes...

Ahora paramos y... dirigimos nuestra mirada hacia nuestro interior.

El interior de nuestro cuerpo, ahí donde se producen los fenómenos mentales, emocionales, físicos...

Esta mirada es la de un testigo que no juzga, que no establece categorías. Simplemente está ahí. Y constata.

Constata que en nuestra mente se suceden pensamientos, imágenes, recuerdos, fantasías, deseos, frases...

No hay categorías: nada está bien o está mal. Simplemente hay eso.

Esa mirada que dirigimos hacia nuestro interior constata que, en distintos lugares de nuestro cuerpo, estamos experimentando sensaciones.

La sensación del contacto con el cojín o con el suelo.

La sensación, en el rostro, del contacto con el aire.

Tal vez empieza a aparecer alguna molestia física, una tensión, una rigidez…

No establecemos categorías.

Esa mirada interna descubre, también, emociones, estados anímicos, deseos...

Puede que esa mirada descubra en nuestro cuerpo que, en algunos lugares, aunque aparentemente estemos quietos, seguimos «haciendo».

Observamos, por ejemplo, el entrecejo, para ver si seguimos haciendo alguna actividad allí y, en ese caso, soltamos, dejamos de hacer.

Lo mismo sucede en los globos oculares. A veces, aun con los ojos cerrados, seguimos mirando, buscando, viendo un desfile de imágenes.

Soltamos toda voluntad de mirar.

También observamos la lengua y constatamos si realmente está reposando o si, pese al silencio, sigue comentando cosas, dando discursos, haciendo preguntas.

Lo mismo observamos en nuestra garganta.

Observamos si, en nuestros hombros, todavía llevamos alguna carga, y si así es... la soltamos. Dejamos que toda carga —deberes, culpas, rencores, vergüenzas— se escurra.

Constatamos que nuestro cuerpo, realmente, no hace nada.

Así, nos damos cuenta de cómo se hace la respiración en nosotros: nosotros no la hacemos.

Podemos constatar ese ir y venir, ese ritmo. Se hace, en nosotros.

Al igual que el café que se va asentando en el fondo del vaso, cuando nos sentamos a meditar muchas cosas que han enturbiado nuestro día se van asentando.

Y así, poco a poco, en nosotros aparece cierta transparencia.

Nos volvemos más sensibles a los pequeños fenómenos que se producen en nuestro interior.

Es como si fuéramos afinando nuestra atención.

Vamos tomando conciencia de lo que estamos viviendo, aquí y ahora.

Tenemos plena conciencia de nuestra postura, de nuestro peso, del espacio que ocupamos, de las molestias, de los dolores, de los pensamientos, de las emociones…

¿Qué hacemos con todo eso?

No hacemos nada.

Nuestra práctica no puede ser más sencilla: simplemente, permanecemos sentados, conscientes.

Toda nuestra vida es ahora.

Nuestra vida, aquí y ahora, es esto.

En este instante, la vida nos ofrece la oportunidad de experimentar su plenitud.

Para alcanzar la plenitud no es necesario hacer algo.

No hay un solo instante en el que la vida carezca de plenitud.

Para realizar en nuestra conciencia la plenitud, basta con que nuestra atención esté abierta a cómo se manifiesta la vida en el instante presente.

Cuando tomamos conciencia de ello, la vida deja de ser una búsqueda de la plenitud.

Nuestra existencia se convierte en una expresión de la plenitud.

No existe un instante de mayor plenitud que este instante.

Cuando dejamos que todos los fenómenos se asienten —como la borra del café— aparece esa transparencia que nos permite descubrir la plenitud del instante presente.

Un instante de meditación es eterno.

Toda nuestra vida es ahora.

Ahora es cuando estamos naciendo.

Ahora es cuando estamos viviendo.

Ahora es cuando estamos muriendo.

Todo es uno.

Y todo es ahora.

Nos sentamos a meditar para vivir —conscientemente— este instante.

Soltamos un pasado que ya no es.

Renunciamos a un futuro que todavía no es.

Cuando nos sentamos a meditar... ya hemos llegado.

Todo está aquí, ahora.

Sentados, quietos, silentes, sin hacer nada, tomamos conciencia de la plenitud de la vida, aquí y ahora.

57

Árbol

Cuando nos sentamos a meditar, nos entregamos al silencio, nos rendimos al silencio, dejamos que el silencio nos penetre, nos inunde y nos posea.

Cuando nos sentamos a meditar nos hundimos en el silencio, somos una semilla enterrada en silencio.

Una semilla que germina y... de la que nace un árbol: un árbol de silencio.

Nuestras raíces son silencio.

Nuestro tronco es silencio.

Nuestras ramas y nuestras hojas... son silencio.

En ese infinito silencio que somos, caben todos los sonidos de la vida.

Hay sitio en nosotros para el canto de los pájaros, para el estruendo de las bombas, para el primer llanto de un recién nacido.

Hay sitio para el trueno, para el ladrido, para las palabras de amor susurradas al oído, para el aullido de horror de los torturados.

Somos un árbol de silencio... que proyecta una sombra muda.

Cuando nos sentamos a meditar, nos dejamos vibrar en la energía del silencio.

Desde este silencio profundo —auténtico, radical— podemos observar cómo todo en nuestra vida se ordena.

Todo va encontrando su lugar... en el silencio.

El silencio lleva quietud allí donde hay agitación.

El silencio lleva su energía sanadora, reparadora, a nuestras heridas, a nuestros dolores, a nuestros sufrimientos.

El silencio aporta paz donde reina el conflicto.

Aporta serenidad donde hay inquietud.

Aporta espacio y libertad... allí donde ahoga la opresión.

Aporta descanso allí donde hay esfuerzo y fatiga.

El silencio aporta el calor del amor... allí donde el miedo cristaliza su hielo.

Cuando nos sentamos a meditar, nos abrimos de par en par. Para acoger el efecto balsámico... del silencio.

Cuando encarnamos el silencio, se abre en nosotros el espacio infinito del instante presente.

Desaparecen las voces de la memoria.

Desaparecen las voces que nos empujan hacia lo que todavía no se ha vivido.

Desaparecen las voces que nos relatan, que nos dan la apariencia de una historia, de un cuento que apunta hacia el final.

Hundidos, enterrados en el silencio, experimentamos que... todo es ahora.

Tomamos conciencia de que no hay nada. Y de que estamos vivos.

Experimentamos que estamos vivos. Y que eso es todo, aquí y ahora.

Todo es ahora.

Cuando nos sentamos a meditar somos un árbol de silencio, somos un silencio vivo.

Nos nutrimos en el silencio de la tierra.

Brindamos un espacio infinito a los sonidos de la vida, sin establecer categorías, sin discriminar. Un espacio donde reina la energía del amor. Un espacio abierto al eterno presente.

58

Lluvia

Cuando nos sentamos a meditar, es como si estuviéramos bajo la lluvia, expuestos a que el agua fresca arrastre y se lleve consigo todo lo que nos sobra, todo lo que no necesitamos.

Nos exponemos —desnudos, abiertos— a esa limpieza que las nubes nos están ofreciendo.

Dejamos que la lluvia arrastre consigo todas las memorias tóxicas, innecesarias, que nuestro cuerpo aferra, retiene, acumula.

Nos dejamos empapar y penetrar por la lluvia.

En su caída, el agua arrastra también aquellos pensamientos que nos envenenan la sangre; los rencores, que son como plomo en nuestras alas y nos impiden levantar el vuelo.

La lluvia de nuestra meditación nos libera, también, de todas las ilusiones que nos impiden vivir en la realidad presente.

Cada gota de lluvia es una bendición que recibimos.

Y es, también, una semilla que renueva, que regenera la vida en nosotros.

Todos estos dones provienen de unas nubes oscuras.

De la oscuridad… nos llega la luz.

De lo denso y oscuro… nos llega la purificación.

De lo que cae… nos llega la energía que nos permite levantarnos, elevarnos y volar.

La lluvia está llena de conocimiento, de sabiduría.

Arrastra consigo exactamente lo que no necesitamos.

Y nos trae lo que sí necesitamos.

Estas lluvias son las anunciadoras de la inminente primavera.

Son lluvias que nos hablan de nuevas floraciones.

Nos hablan de crecimiento, de regeneración, de vitalidad renovada.

El contacto del agua con nuestro cuerpo nos despierta, como un soplo sobre las brasas que parecían muertas: nos reaviva.

Cuando nos sentamos a meditar, contemplamos cómo todo lo que nos sobra es arrastrado por la corriente de la vida.

Primero es la corriente de un pequeño curso de agua.

Pero ese pequeño curso, con la pendiente, va buscando otro curso de agua mayor, y otro más, hasta el mar.

Observamos lo que nos sobraba —lo que nos hacía daño, lo que nos intoxicaba— en la vastedad del mar.

Comprobamos su insignificancia, su pequeñez.

¡Y qué grande y pesado parecía cuando estaba en nosotros!

Cuando vertemos una gota de tinta china en un dedal con agua, el agua del dedal se tiñe de negro. La misma gota, en el mar, se diluye y se pierde.

Nos dejamos empapar y penetrar por la lluvia.

Inventamos una danza que pueda expresar nuestra gratitud por tanta agua sanadora, salvífica, que la vida nos está regalando.

La lluvia de nuestra meditación se lleva consigo, también, todas las palabras.

Nos quedamos desnudos de palabras.

Y así, somos incapaces de elaborar un discurso, de desarrollar una narrativa que, como una jaula, limite nuestra vida.

La lluvia quita el velo de palabras y permite que emerja, desde lo más profundo de nosotros, un infinito silencio.

Ya no podemos contarnos.

Solo podemos… vivir.

Agradecemos a la lluvia, que arrastra hacia el mar todo lo que nos sobra.

Le demostramos nuestra gratitud por arrancarnos aquellas cosas a las que estábamos tan apegados, y no éramos capaces de abrir las manos y dejar partir.

Le damos las gracias por llevarse todos esos discursos en torno al Yo, que nada sano nos estaban aportando.

Le decimos... ¡gracias...! por traernos luz y perspectiva.

Desplegamos en el espacio nuestra danza de agradecimiento.

Cada músculo, cada hueso, cada centímetro de nuestra piel son una expresión de nuestra gratitud.

El agua de la lluvia, la gratitud que le expresamos, nos revitalizan por igual.

Es como si la lluvia nos hubiese despojado de todo aquello que estaba impidiendo la expresión de nuestro corazón.

Sí, nos exponemos desnudos a la lluvia, para que ella desnude nuestro corazón.

El agua se ha llevado consigo toda la escoria mental, todo el ruido.

La lluvia nos trae silencio, quietud, transparencia interior.

Se ha llevado consigo los discursos del Yo: los recuerdos que nos lastraban, las culpas, los rencores, las creencias limitantes y un montón de máscaras que solo servían para ocultar nuestro verdadero rostro.

Cuando nos sentamos a meditar, danzamos en silencio. Bajo la lluvia.

59

Desapego

Cuando nos sentamos a meditar, practicamos una actitud interna llamada «desapego».

¿Qué significa el apego? ¿Qué es ese apego que nos genera sufrimiento?

Si nos quedamos en el plano de la apariencia, parece que nos apegamos a «algo»: personas, ideas, lugares, creencias…

En realidad, esas personas, esos lugares, esas ideas, esas creencias no son otra cosa que pantallas sobre las que proyectamos nuestro ego, una identidad que hemos construido en nuestra mente, para reconocernos en el plano de la experiencia.

El apego, entonces, siempre es —en última instancia— apego al ego. Y aparece en la superficie como apego a hábitos, a personas, a ideas, etcétera.

Cuando dejamos de identificarnos con algo o con alguien, nos resulta muy fácil practicar el desapego y… soltarlo.

El desapego, por lo tanto, no consiste en no hacer o en no tener nada; el desapego consiste en no identificarme con nada de lo que hago o de lo que tengo.

Implica saber que «yo no soy eso».

Un equívoco muy habitual consiste en pensar que el desapego adopta la forma de «no sentir nada». Es similar al error que consiste en pensar que no debo «hacer» o no debo «poseer» nada.

El desapego consiste en vivir plenamente nuestras emociones, sin identificarnos con ellas. Podemos observar que en nosotros hay rabia, miedo o alegría... pero no hay un Yo identificado con estas emociones.

También —si no prestamos atención— podemos llegar a apegarnos... al desapego.

El maestro Deshimaru, introductor del budismo zen en París en los años sesenta del siglo pasado, advertía siempre sobre el apego al sufrimiento, la identificación con él, y sobre la resistencia que a veces tenemos a soltarlo por miedo a perder nuestra identidad; esa supuesta identidad del que sufre, que en su sufrimiento parece encontrar su única razón de ser, la única «explicación de sí mismo».

Podemos observar eso en personas que hacen mil cosas argumentando su deseo de «dejar de sufrir». Cuanto más vivimos movidos por el deseo de «dejar de sufrir», más sufrimiento inútil generamos.

No podemos desear «dejar de sufrir» si ya no sufrimos.

Es el apego a nuestro deseo lo que genera el sufrimiento.

Apego y deseo.

¿Cómo nos damos cuenta cuando, en algún vínculo, caemos en el apego?

Nos damos cuenta por el sufrimiento que experimentamos.

Siempre que estamos apegados a nuestro ego, experimentamos sufrimiento.

El desapego es todo lo contrario al individualismo, a la falta de solidaridad, a la falta de empatía, a la indiferencia, a la frialdad, a la desconexión de lo sentido.

Si practicamos el desapego es para recuperar nuestra auténtica condición.

Cuando nos sentamos a meditar —en la práctica del desapego— lo que soltamos es el ego, esa falsa identidad que nos hemos formado y que, cuando somos adultos, muchas veces sustituye a quien auténticamente somos aquí y ahora. Es una identidad que se sabe separada, incompleta, insuficiente, esencialmente carente e incapaz de amar.

Por ello, el desapego es una vía regia que nos conduce al corazón, que nos conduce al amor, a la compasión.

60

Suicidio

Cuando nos sentamos a meditar, vamos a reencontrarnos con el silencio, para reencontrarnos *en* el silencio.

Se trata de buscarnos a nosotros mismos en ese espacio infinito que está detrás de nuestros discursos, detrás de nuestras narrativas, detrás de nuestras opiniones, detrás de nuestras creencias.

Se trata de buscarnos —y de encontrarnos— en ese espacio que está detrás de la idea que tenemos de nosotros mismos.

Podríamos decir que nos sentamos a meditar para que nuestro rostro, nuestro cuerpo entero, descanse del peso de la máscara.

Nos sentamos para descansar de esa falsa identidad que mostramos al mundo con tanta pasión y convicción que… hemos acabado por creérnosla.

Vamos —hacia el silencio y la quietud— en busca de descanso.

Nos sentamos y, como un viajero que se quita la mochila de la espalda, dejamos caer el Yo; soltamos ese Yo que tiene una percepción de sí mismo, que tiene una percepción del mundo y que estamos hartos de cargar.

Solemos vivir apegados a ese Yo, a esa falsa identidad, a esa idea e imagen de nosotros mismos.

La meditación, la práctica de la atención, nos enseña que el alivio proviene de soltar, de dejar ir, de dejar de creernos ese objeto mental llamado «Yo», que nos ha resultado vital para superar anteriores etapas de nuestro desarrollo como seres humanos.

60. Suicidio

La meditación nos muestra que podemos experimentar dimensiones que se encuentran más allá de ese Yo psicológico identificado con nuestra infancia; nos muestra que podemos reconocernos, también, más allá, en un plano independiente de nuestras opiniones, nuestro carácter, nuestro relato biográfico con sus traumas y sus momentos felices.

Muchas veces no encontramos el camino que pasa por soltar, por dejar ir.

Muchas veces nos cuesta descubrir que, en nosotros, hay un horizonte más allá de ese Yo, con sus penas, con sus limitaciones, con sus carencias de todo tipo y su intrínseca incapacidad de amar.

A veces estamos completamente sumidos en ese mundo mental del Yo; y entonces, movidos por el ansia de liberarnos de ello, empezamos a caer en la depresión, empezamos a fantasear —consciente o inconscientemente— con el suicidio.

El suicidio, en esos casos, es visto como la única vía de escape, como el único horizonte de alivio.

Los suicidas y los meditadores compartimos la misma intuición: la liberación viene de la muerte del Yo.

Nuestro hábito ante el suicidio suele ser el mismo que ante muchas otras cosas de la vida: buscamos en nosotros una opinión. Y esa opinión, necesariamente, se apoya en un juicio.

Buscamos en nosotros una opinión para evitar exponernos a la experiencia sensible de las cosas, para bloquear nuestro sentir.

Buscamos en nosotros una opinión para no asomarnos al abismo que representa el misterio.

Podríamos decir que buscamos en nosotros una opinión para tener las cosas acotadas, bajo control.

Identificarnos con nuestras opiniones nos transmite un falso sentimiento de seguridad: por eso las defendemos con tanta fuerza y gastamos tanta energía en «tener razón».

La meditación es el camino inverso: es encontrarse a sí mismo en ese espacio que está más allá de las opiniones, más allá de los soportes o prótesis que nos brindan una aparente seguridad.

La meditación es una manera de exponernos, de asomarnos al abismo, de aceptar plenamente la experiencia de *no* saber y la vulnerabilidad que se deriva de ese *no* saber.

La muerte es el misterio de los misterios, porque la vida es el misterio de los misterios.

La muerte alcanzada por la propia mano es, pues, también una manifestación del misterio de los misterios.

Meditar es asomarse a ese pozo insondable —oscuro y luminoso— sin las muletas que brindan las opiniones, los juicios, las categorías.

Cada muerte nos habla de nuestra muerte.

Cada suicidio nos habla de nuestro propio suicidio.

Siempre tenemos la opción de bloquear, de controlar, de poner distancia entre nosotros y nuestra propia muerte.

Tenemos, también, la opción de avanzar por la vida en íntima relación con nuestra muerte, de caminar tomados de su brazo.

La meditación nos brinda la oportunidad de observar, de tomar conciencia de cuál es nuestra actitud.

La meditación, por lo que implica de suspensión del juicio, nos permite darnos cuenta.

61

Tormenta y tormento

Cuando nos sentamos a meditar, poco a poco nos vamos abandonando en brazos de la quietud y del silencio.

Para adentrarnos en la quietud, soltamos toda voluntad de hacer algo.

Es como si —simbólicamente— renunciáramos a avanzar. Y digo «simbólicamente» porque, al entregarnos a la quietud, renunciamos a avanzar en el tiempo: nos instalamos en el presente.

Para adentrarnos en el silencio, declinamos toda voluntad de «decir», de articular la experiencia a través del lenguaje.

Quietud. Silencio.

Aquí, ahora.

Observamos cómo nos sentimos cuando nos adentramos en la quietud y en el silencio.

¿Qué encontramos en la quietud y en el silencio?

¿Qué emociones sentimos cuando nos instalamos en el presente, sin comentarios, sin discursos, sin una narrativa que envuelva la experiencia?

La quietud y el silencio nos ofrecen un puerto seguro donde protegernos de las tormentas y los tormentos de la mente.

Aquí y ahora —en el silencio, en el presente sin mente— no hay miedo.

El miedo que nos preocupa, y que nos hace la vida difícil, no es el miedo a los peligros reales; no es ese miedo gracias al cual nuestra especie ha podido sobrevivir a tantas amenazas y a tantos peligros a lo largo de los siglos.

El miedo que nos hace difícil la vida no es el miedo gracias al cual huimos de una bestia feroz, de un incendio... No es el miedo que nos hace asomarnos con precaución a un abismo. El miedo que se erige en obstáculo para nuestra vida es el miedo a nuestra imaginación, a nuestras propias fantasías catastróficas. Es el miedo que siente, que experimenta un Yo que solo existe en nuestra mente.

Si observamos con atención a ese Yo —a ese objeto mental— veremos que se define por sus carencias. Y, esencialmente, por su carencia de amor.

Ese Yo incompleto, carente, ese Yo... no sabe amar.

Cuando nos identificamos con ese Yo —hecho de carencias, de creencias, de una cierta narrativa autobiográfica—, lo que domina en nuestro paisaje interior es el miedo. El miedo, que adopta infinitas formas: es miedo a la muerte (por lo tanto, es miedo a la vida); es miedo al rechazo (por lo tanto, es miedo a la aceptación); es miedo al fracaso (por lo tanto, es miedo al éxito); etcétera.

Solo el amor puede liberarnos del miedo.

Cuando nos entregamos a la quietud y al silencio del instante presente, cuando accedemos a este puerto de refugio que cada instante nos ofrece en medio de la tormenta —en medio del tormento—, cuando nos conectamos con nuestra esencia silenciosa, conectamos también con esa fuente interior de la que mana el amor.

Adentrarnos en la quietud y en el silencio, buscar refugio en ese puerto seguro que nos ofrecen es, también, volver al hogar.

El hogar es ese sitio en el que experimentamos confianza; es el sitio en el que nos sabemos acogidos y aceptados tal como somos, nos sabemos amados.

Generalmente, cuando volvemos a casa nos quitamos los zapatos, soltamos las defensas, las corazas, las máscaras... Deponemos las armas. Soltamos todo aquello que habíamos utilizado para protegernos, para confrontar lo árido, lo áspero.

Lo que nos brinda confianza, lo que nos da esa verdadera seguridad interior, no son los artilugios defensivos: es la desnudez.

Porque cuando deponemos esas defensas nos encontramos a nosotros mismos.

La confianza se deriva de sabernos; de sabernos amor.

El miedo se deriva de ignorarnos, de creernos ese objeto mental, esa narrativa, esos atributos, esos traumas, esas carencias, esas creencias.

Cuando nos sentamos a meditar, cuando profundizamos en la práctica con honestidad, disciplina y amor, nos damos cuenta de que somos esa quietud, ese silencio, ese vacío que —aquí y ahora— es también plenitud.

62

Energía

Cuando nos sentamos a meditar, tomamos conciencia de la energía que vibra en nuestro cuerpo. Para ello, llevamos nuestra atención a distintas partes de nuestra anatomía. Es una atención que no establece categorías, que no pone adjetivos, que no añade comentarios a la experiencia.

Esa atención amorosa, abierta, acogedora... nos permite darnos cuenta de la energía que circula en la frente, en los ojos, en la boca, en la nuca...

Nos damos cuenta de que, simplemente, no es igual en todos lados.

En la frente vivo una cosa, en los ojos vivo algo diferente, etcétera.

Y lo mismo en los hombros, los brazos, el pecho, el plexo solar, el estómago, la pelvis, los omóplatos, la espalda alta, los riñones, las nalgas...

¿Qué estoy viviendo en las piernas, en las rodillas, en los pies?

¿Cómo es la vida, ahora, en esos puntos de mi cuerpo?

¿Cómo vibra la vida en mí, en toda su diversidad, en toda su riqueza?

Puedo tener, también, una impresión general, de conjunto: ¿cuál es la energía que predomina en mí, que circula, que es mi manera de estar en el mundo ahora?

Si observamos con atención nuestro cuerpo, veremos que todo ese movimiento energético se está dando en torno a un punto de quietud.Y es a ese punto de quietud a donde dirigimos nuestra atención, es ahí donde nos instalamos.

En ese punto de quietud es donde nos proponemos descansar. Meditar es descansar.

Instalados en ese punto de quietud… no tenemos nada que hacer.

Sentarse simplemente a descansar —a no hacer, a ser conscientes de ser— puede verse como una celebración de la vida.

Cada inspiración y cada exhalación son otros tantos milagros que la vida nos regala.

Nada nos impide vivir cada instante con regocijo, con reconocimiento, con gratitud.

Sentados en quietud, nos permitimos ser centros emisores de aprecio, de gratitud, de celebración de la vida.

Nada tenemos que hacer.

Nada tenemos que obtener, que ganar, que alcanzar, que aprender, que mejorar.

En este lugar de silencio y quietud —en el que nos instalamos a celebrar la vida, de instante en instante— no hay ninguna historia.

No hay ningún tiempo pasado, ningún futuro.

No hay nacimiento, no hay muerte.

Nada avanza ni retrocede.

Desde este lugar central de plena quietud, podemos tomar conciencia de los fenómenos que se van sucediendo en nuestro cuerpo, en nuestras emociones, en nuestra mente.

Simplemente, permanecemos sentados, quietos, silentes, apreciando, agradeciendo, celebrando cada instante.

Descansamos.

Desde nuestro lugar de quietud, de descanso, volvemos a prestar atención a la energía que circula en nosotros: sin adjetivar, sin comparar, solo dándonos cuenta de lo que hay.

Cada uno de nosotros es un centro emisor.

A cada uno de nosotros nos ha sido encomendada la responsabilidad de esa energía que emitimos.

La calidad de la experiencia de estar en el mundo está en consonancia con la calidad de esa energía que emitimos.

Cuando hablamos de cómo nos sentimos, bien podríamos decir: de cómo nos sentimos vibrar.

63

Contemplación

Cuando nos sentamos a meditar, replegamos la atención hacia nuestro interior para contemplar ese paisaje interno. En nuestra contemplación vemos desfilar pensamientos, frases, imágenes, deseos... No aferramos nada, no rechazamos nada.

No somos esos fenómenos que contemplamos. No somos el que contempla. Somos la contemplación, somos la atención.

Los fenómenos mentales son como los fenómenos meteorológicos: empiezan... se desarrollan... terminan.

Observamos nuestros pensamientos, nuestras emociones, nuestros deseos... como quien mira llover.

En nuestra atención no generamos ninguna categoría: acogemos todo por igual.

Acogemos todo el ruido y la agitación externa desde un núcleo de quietud y silencio.

Nos mantenemos firmemente arraigados en esa quietud y en ese silencio y, desde ahí, contemplamos cómo se suceden los fenómenos.

Somos silencio y quietud, y podemos ofrecer un espacio infinito a todos esos fenómenos que desfilan, que aparecen y desaparecen de nuestro campo de conciencia.

Es válido para los ruidos externos. Es válido para los ruidos internos.

Posiblemente, en nuestra mente circulen imágenes, pensamientos, recuerdos, fantasías, deseos...

Somos la contemplación de todo eso.

Nos entregamos al silencio: permanecemos aquí, atentos, despiertos, con lo que hay.

La lluvia que cae, los vecinos que hablan, los preparativos para una fiesta con música, nuestros propios pensamientos, nuestras propias emociones...

En nuestro silencio hay espacio para todo.

En nuestro silencio podemos encontrar dibujada una sonrisa. Es esa sonrisa que vemos en las representaciones del Buda. Es una sonrisa que nos habla de calma, de paz interna. Es una sonrisa que nos dice: «no hay tragedia, todo es ilusión, todo es un juego de sombras chinas». Es una sonrisa que proyecta esa paz —esa calma interna— hacia el mundo.

Las voces de los vecinos, la música... no significan nada.

Son como la lluvia que cae.

No establecemos categorías.

Nuestra atención está en el silencio.

Somos la contemplación.

64

Dejar ir

Cuando nos sentamos a meditar, dejamos pasar los pensamientos.

Nuestra actitud es la de observar y... dejar pasar.

Aquí y ahora, la vida nos trae pensamientos, sensaciones físicas, deseos, emociones... Observamos cómo llegan y... pasan.

Para observar mejor el paso de lo que la vida nos trae, damos un pasito atrás.

Es como si con cada exhalación diéramos un pasito atrás, uno más.

Soltamos el aire. Generamos espacio.

Toda la parte anterior de nuestro cuerpo se abre, se dilata, se despliega, deja de oponer resistencia a la exhalación.

No empujamos el aire: soltamos y dejamos que nuestro cuerpo se vacíe naturalmente

No empujamos. No retenemos.

Dejamos que las cosas sean.

Dejamos pasar los pensamientos, dejamos ir el aire...

Nuestra actitud es de no hacer, de no intervenir, de no empujar la vida, de respetar su fluir.

Observamos cómo la vida se está haciendo cuerpo en nosotros, de instante en instante.

La vida se hace esqueleto en nosotros, se hace sangre, se hace nervio.

Observamos cómo la vida se hace piel en nosotros, se hace neurona, tripa, pulmón.

Dejamos pasar los pensamientos.

Observamos —en nosotros mismos— la vida.

En nosotros, la vida se está manifestando plenamente, aquí y ahora.

La vida no conoce otro estado que la plenitud.

Nuestro esqueleto —con todas sus imperfecciones— es la plenitud.

Cada célula de nuestro cuerpo —estemos sanos o estemos enfermos, seamos más jóvenes o más viejos— es una manifestación de la plenitud de la vida.

En nuestra práctica de meditación entornamos los ojos físicos para abrir nuestra percepción de la plenitud.

Entornamos los párpados y abrimos los ojos del corazón.

Dejamos pasar los pensamientos.

Dejamos ir la exhalación y damos un paso atrás.

Con cada exhalación nos alejamos un paso de los fenómenos, y nos hundimos un poco más en el silencio y la quietud.

Dejamos pasar los pensamientos.

Nos hundimos en el silencio y la quietud de nuestro cuerpo.

Nos hundimos en el silencio y la quietud de la plenitud de la vida.

Nos dejamos ir hacia el éxtasis.

65

Para nada

Cuando nos sentamos a meditar, cerramos o entornamos los ojos. Volcamos nuestra mirada hacia el interior.

Es una mirada amorosa, que no viene acompañada de juicios ni de opiniones. Simplemente, nos volvemos testigos: testigos de los pensamientos que van y vienen por la mente, testigos de las imágenes, de los deseos...

Un testigo... no interviene.

Meditar es, en cierta forma, permanecer presentes sin intervenir.

No tenemos que dirigir nada, no tenemos que controlar nada, no tenemos ninguna función.

Puesto que no tenemos nada que hacer, podemos quitarnos de la cabeza la idea de hacer bien... o hacer mal. Ni bien... ni mal: nada que hacer.

El testigo tampoco espera nada. En la práctica de la meditación no esperamos nada.

Como vemos, la práctica de la meditación es lo más simple que podemos imaginar: es solo estar aquí, ahora.

Somos testigos de las sensaciones corporales.

Testigos de las emociones que vamos experimentando.

Testigos de la actividad mental.

Sin dirigir, sin controlar, sin esperar.

A lo largo del día hacemos mil cosas para ganarnos el sustento, para alimentarnos, para divertirnos, para que nos amen...

Nos sentamos a meditar... para nada.

No queremos conseguir nada, aprender nada, mejorar nada, cambiar nada.

Vamos hacia lo simple.

¿Qué tal nos sentimos cuando simplificamos tanto la vida?

¿Nos sentimos ligeros, aburridos, un poco perdidos, agobiados...?

¿Qué tal es esto de ser alguien vivo, consciente, presente, sin nada que hacer?

Meditar es ser conscientes de ser.

Conscientes de estar sentados.

Conscientes de respirar.

Conscientes de existir plenamente.

Sentado, en silencio, me doy cuenta de cosas: me hago consciente.

Me doy cuenta de lo que siento en las piernas, me doy cuenta de lo que siento en los muslos, en las rodillas.

Me doy cuenta del aire fresco en los brazos.

Me doy cuenta del movimiento del aire.

Del sonido de los ventiladores.

Me doy cuenta de que en mi mente aparecen algunas imágenes.

A fuerza de ir dándome cuenta, tomo conciencia de estar sentado, simplemente sentado, sin esperar nada, sin hacer nada.

Cuando prestamos atención, caemos en la cuenta de que permanecer simplemente sentado es una experiencia compleja, rica, llena de matices.

Aquí y ahora, en este instante, la vida se me muestra pletórica, plena, rica, variada. Es algo infinito en su complejidad; es algo imposible de abarcar con la mente en todos sus matices; es inagotable.

Cuando nos sentamos a meditar, nos convertimos en testigos de la magnificencia de la vida.

Desde nuestro cojín, desde nuestra banqueta de meditación, podemos ver desfilar el dolor, la alegría, la rabia, el aburrimiento, la fatiga...

El desfile no tiene fin. Por la pantalla de nuestra atención se suceden personajes, pensamientos, frases, recuerdos, deseos... Un desfile sin fin.

Esta actitud de testigos se basa en no rechazar nada y en no aferrar nada. Todo pasa…

Nuestra observación interior no tiene preferencias y no tiene aversiones: está abierta a todo lo que llega.

Somos un testigo que se parece a un corazón abierto, capaz de acoger en su amor la luz y la sombra.

La práctica de la meditación es un acto de amor.

También cuando amamos es… para nada.

También cuando amamos, cada instante nos revela su riqueza infinita.

Cuando amamos —o cuando practicamos meditación— tenemos un sentimiento de confianza. De confianza en la vida que cada uno de nosotros encarna.

Cuando amamos, cuando practicamos meditación, podemos permitirnos la vulnerabilidad.

Cuando amamos, cuando meditamos, se despierta en nosotros la compasión, la mirada empática y compasiva hacia el otro. También hacia nosotros mismos.

Por eso cuando meditamos adoptamos una postura que nos permite ofrecer nuestro pecho a la vida.

Bajamos la guardia.

Dejamos caer las corazas, las defensas que, muchas veces, adoptan la forma de una contracción muscular, de una opinión, de una crítica, de una creencia…

Poco a poco, con la profundización de la práctica, vamos soltando todas esas estructuras psíquicas, mentales, físicas.

Meditar es un continuo dejar ir, dejar caer.

Meditar es sinónimo de soltar, de dejar ir, de liberarse de las esclavitudes autoimpuestas.

La práctica de la meditación nos conduce al reencuentro con nosotros mismos, con nuestra paz esencial, con nuestra plenitud intrínseca, con el amor que somos.

Todo ello, simplemente, sentándonos… para nada.

66

Ya soy

Cuando nos sentamos a meditar, permanecemos en silencio, en calma, y tomamos conciencia de la vida que late en cada uno de nosotros. Al traer nuestra atención a la respiración, empezamos a observar nuestro mundo interno. De la misma manera que tomamos conciencia de la respiración, nos hacemos conscientes, también, de los distintos fenómenos que se suceden en nuestra mente; de las distintas sensaciones que se suceden en nuestro cuerpo; de las distintas emociones que vamos experimentando momento a momento.

No analizamos nada, no pretendemos entender nada: exploramos con nuestra atención. Entramos, con nuestra atención, en los fenómenos, y lo hacemos sin juicios, sin críticas, sin generar categorías.

Podríamos decir que nos sentamos a meditar para ver las cosas tal como son, sin la lente deformante de nuestros prejuicios, de nuestras creencias, de nuestras opiniones o preferencias.

En nuestra observación no hay ningún favoritismo, ninguna animadversión.

Es, la nuestra, una atención amorosa, abierta, acogedora, ecuánime.

Es, la nuestra, una atención que no rechaza nada y que no aferra nada; permite que las cosas sean.

Cuando adoptamos esta actitud —la de simplemente permitir que las cosas sean— también estamos —simplemente—

permitiéndonos ser, dejándonos ser, sin buscar cambiar nada, sin pretender obtener algo que ahora supuestamente nos falta, sin aspirar a ser otro distinto a quien ya somos.

Nos presenciamos ser y, cuando nos presenciamos ser, nos damos cuenta de que... no podemos ser más ni podemos ser menos.

Ya somos —plenamente— en cada instante.

Nada que logremos hacer, nada que lleguemos a obtener, habrá de permitirnos «ser más».

Nada que ignoremos, nada que no hayamos alcanzado todavía, nada que aún no hayamos hecho... podrá provocar que «seamos menos».

Nos observamos ser plenamente; plenamente realizados, aquí y ahora.

En cada instante podemos decir: ya he llegado.

Ya soy: ya he llegado a mí mismo.

En cada instante puedo experimentar mi auténtica naturaleza: mi paz, mi silencio, mi quietud, mi plenitud.

En torno a ese invulnerable núcleo de paz, de silencio, de quietud y realización plena... se agitan los fenómenos: pensamientos, deseos, recuerdos, fantasías, imágenes, dolores, molestias, incomodidades físicas y emocionales, rabia, alegría, vergüenza...

Desde nuestro centro —quieto, silencioso, eterno— vemos desfilar los fenómenos que nacen, se desarrollan y se desvanecen.

Cuando nos sentamos a meditar, nos instalamos en la quietud y en el silencio.

Nos instalamos en nosotros mismos, en nuestro centro.

Renunciamos a toda acción. Renunciamos a intervenir sobre los fenómenos.

Permanecemos en la contemplación.

Nos dejamos sentir la profundidad, la intensidad y la belleza de nuestro silencio interior.

67

Calma

C uando nos sentamos a meditar, llevamos la atención a la respiración.
Tomamos conciencia del ritmo que van estableciendo la inspiración y la exhalación.

No intentamos hacer nada con la respiración; solo nos volvemos conscientes de ese ir y venir.

Podemos poner la atención —y darnos cuenta de ese ir y venir— en las fosas nasales. Y también podemos observarlo en el pecho, en el diafragma, en el abdomen...

Simplemente, nos familiarizamos con ese vaivén.

Si observamos sin juzgar, sin buscar un resultado, tal vez nos demos cuenta de que en algunos lugares del cuerpo retenemos la exhalación. Posiblemente sea en el abdomen, posiblemente en el pecho.

Siempre nos queda un margen para soltar, para dejar que el aire —sin que nosotros empujemos— simplemente salga y que nuestros pulmones se vacíen.

Nunca paramos de respirar, pero muy pocas veces somos conscientes de cómo la respiración está sucediendo en nosotros. Si prestamos atención, si contemplamos la respiración, iremos descubriendo matices: de temperatura, de fluidez, de movimiento, de tensión...

Iremos descubriendo el grano más fino de la respiración, los detalles, los distintos registros corporales, de los que iremos tomando conciencia.

ЯНВ.. .. ..

Cuando profundizamos en la práctica de la meditación, y lo hacemos asiduamente, vamos descubriendo que la exhalación se alarga. Y que la inspiración cada vez es más breve.

Vamos aprendiendo, también, a dejar caer los órganos internos; a soltar la tripa; a no retener... y a no empujar.

Si profundizamos en la práctica —y en la observación de la respiración— acabaremos por reconocer ese tiempo que hay entre el final de la exhalación y el inicio de la siguiente inhalación. Es un tiempo en el que ya no exhalamos... y no inhalamos todavía.

Ese tiempo, ese punto, es la puerta de entrada a la calma, al silencio mental.

De manera que la calma siempre está ahí, a nuestra disposición.

La calma no es algo que nosotros debamos o podamos hacer.

La calma ya es.

La calma es el estado más íntimo que tenemos. Es, podríamos decir, nuestra esencia.

La calma es lo que experimentamos cuando tomamos conciencia de «yo soy».

Calma... silencio... quietud... vacío... luz...

Adentrarnos en nosotros mismos es... ir hacia la calma.

Llevamos nuestra atención a la respiración.

Con cada exhalación, soltamos.

Soltamos los pensamientos, las imágenes, los deseos...

Nuestra respiración se está produciendo aquí, ahora, y nos ayuda a traer nuestra atención al instante presente.

En algunas prácticas proponen que, a cada exhalación, en nuestro interior nos digamos: «yo soy».

Así, con cada exhalación, nos dejamos sentir la vibración energética de la frase «yo soy». Es lo que se conoce como un «mantra».

En el fondo de la exhalación, antes de la siguiente inhalación, está la puerta de entrada a la paz, a la calma, a la quietud, al silencio.

Yo soy.

Yo soy.

68

Yo soy

Cuando nos sentamos a meditar, cuando lo hacemos frecuentemente y realizamos nuestra práctica con honestidad y compromiso, nos damos cuenta de que, si a algo teníamos que llegar en esta vida… ya hemos llegado. Todo es aquí y ahora.

Podemos dejar caer todos nuestros propósitos, todos nuestros objetivos, todo lo que implique una promesa que deba cumplirse en el futuro.

Aquí sentados, en silencio, somos la encarnación de una conciencia testigo. Somos testigos de todos los fenómenos físicos, mentales y emocionales que se suceden en nuestro paisaje interno.

Lo observamos todo con una atención amorosa que no discrimina, que no juzga, sin preferencias y sin aversiones. Nada rechazamos, nada aferramos.

Dejamos pasar los pensamientos.

Seguimos conscientes de nuestra postura.

Nuestra atención echa raíces en cada célula de nuestro cuerpo.

Renunciamos a querer entender, saber, resolver, decidir, mejorar…

Soltamos.

Meditar es un acto de amor. Por eso, nos sentamos a meditar… para nada.

Nos sentamos a meditar sin un «yo» que hace, que pretende, que busca, que teme, que desea, que recuerda.

Nos sentamos a meditar libres.

Nos sentamos a contemplarnos ser. Plenamente, aquí y ahora.

Nuestro esqueleto, nuestra sangre, todo en nosotros está expresando lo mismo: «yo soy».

Esa afirmación —«yo soy»— es anterior a cualquier adjetivo, a cualquier dualidad.

«Yo soy» es indiferente a ser un hombre o una mujer, joven o viejo, rico o pobre, a estar sano o enfermo: «yo soy».

Es anterior a cualquier narrativa, a cualquier historia, a cualquier definición o descripción: «yo soy».

69

Aceptación

Cuando nos sentamos a meditar, permanecemos en silencio, sin nada que hacer.

Nos sentamos y aceptamos que —aquí y ahora— solo permanecemos sentados. Del mismo modo, en cada instante, aceptamos todo lo que llega a nosotros, todo lo que la experiencia de estar vivos nos trae, de instante en instante.

Aceptamos que en nuestra mente se paseen algunos pensamientos.

Aceptamos todas y cada una de las sensaciones corporales.

Aceptamos las emociones, la fatiga, el sueño, los deseos.

Permanecemos sentados... encarnando la aceptación.

Cuando nos sentamos a meditar, aceptamos el instante presente tal como es: no ponemos, a la vida, ninguna condición para aceptarla. No elaboramos ningún juicio. Todo, en nosotros, es pura aceptación. Aceptamos plenamente la vida, tal como se presenta, aquí y ahora.

Nos damos permiso, nos autorizamos a experimentar la energía de la aceptación incondicional, en cada una de las células de nuestro cuerpo.

Cuando aceptamos así el instante presente... «nos» aceptamos plenamente. Aceptamos que estamos sentados. Y nada más que sentados.

Cuando nuestro corazón se abre con la energía de la aceptación —y encarnamos la aceptación incondicional de este instante— estamos aceptando también todos los instantes que nos han traído hasta el presente, todo nuestro pasado, con sus luces y sombras.

Estamos aceptando también todo lo que vendrá, sin condiciones, sin juicios.

Estamos aceptando todos los tiempos de nuestra existencia,

La plena aceptación del instante presente permite que se exprese la paz que nos habita, que nos constituye, que somos. Y ello... simplemente aceptando que estamos aquí, sentados; simplemente aceptando todo lo que nos llega, aceptando lo que es, aquí y ahora.

Aceptamos —sin discriminar— lo agradable y lo desagradable, lo oscuro y lo luminoso.

Permanecemos sentados encarnando la aceptación del instante.

Aceptamos permanecer sentados.

Aceptamos el sueño.

Aceptamos las distracciones, los pensamientos, el aburrimiento, el miedo.

Aceptamos el dolor, la soledad, el silencio.

Aceptamos el vacío... y el horror al vacío.

Cada cosa que pueda aparecer en nuestra conciencia... la acogemos en el seno de la aceptación plena.

Permitimos que nuestro cuerpo vibre en la energía de la aceptación.

Encarnamos una aceptación sin límites... para todo lo que nos trae el momento presente. Aquí y ahora, nos aceptamos plenamente, con nuestras virtudes y nuestras miserias.

Aceptamos plenamente este instante y, en él, aceptamos plenamente todos los tiempos en los que estamos vivos; cada instante del pasado —tal como ha sido— fue necesario para llegar al instante presente. Lo mismo sucede con los que vendrán. No tenemos ninguna opinión acerca del instante presente.

Renunciamos a toda opinión: simplemente aceptamos.

No comparamos este momento de nuestra existencia con ningún momento ideal; lo acogemos y lo vivimos tal cual es: renunciamos a toda comparación.

Observamos cómo nos sentimos cuando aceptamos el instante tal como es; cuando nos aceptamos —aquí y ahora— tal como somos.

Cuando nos sentamos a meditar, buscamos en nuestro corazón la energía de la plena aceptación del instante presente. Vemos que surge del mismo lugar de donde surgen la energía del perdón, la energía de la gratitud, la energía del reconocimiento, la energía de la bendición.

No buscamos la energía de la aceptación en nuestra mente: sería una búsqueda inútil.

Aceptamos el instante presente con todo lo que trae, con todo lo que nos provoca, con todo lo que nos moviliza, sin discriminar.

70

Exploración

Cuando nos sentamos a meditar, dirigir la atención a la respiración nos ayuda a centrarnos. Nuestra atención, que suele estar dispersa o secuestrada por alguna pantalla u otra solicitación externa, tiene en la respiración un objeto que nos ayuda a ir hacia nuestro interior.

Nos sentamos a meditar para estar presentes en las experiencias que estamos viviendo, aquí y ahora, para ser conscientes de los fenómenos que se van produciendo en el plano físico, en el plano mental, en el plano emocional.

Meditar es explorar y, al mismo tiempo, ser explorado. Y nuestro instrumento de exploración es la atención.

Si lo que cae en nuestro campo de atención son pensamientos, observamos esos pensamientos y los dejamos pasar.

Si son emociones, observamos esas emociones.

Si son sensaciones corporales, observamos esas sensaciones.

No rechazamos nada que nos resulte desagradable: lo exploramos.

Y no nos apegamos a nada agradable: lo exploramos... hasta que desaparece.

Somos exploradores testigos de cuanto fenómeno caiga en nuestro campo de atención.

Cuando nos sentamos a meditar, practicamos la observación de los fenómenos.

De esta manera, confirmamos la impermanencia de todos los fenómenos.

Cuanto más practicamos la observación de los fenómenos, más constatamos que no somos esos fenómenos.

No somos nuestros pensamientos.

No somos nuestros deseos.

No somos nuestras experiencias.

No somos nuestra tristeza ni nuestra rabia.

No somos nuestros miedos.

No somos nuestras vergüenzas ni nuestras culpas.

Por eso podemos explorar nuestros miedos, ver de qué están hechos, cómo son por dentro...

Podemos explorar nuestro deseo, ver de qué está hecho.

Con nuestra atención podemos explorar los fenómenos por dentro.

¿Cómo es este dolor que siento en el cuerpo? ¿Cómo es por dentro? ¿De qué está hecho? Observo que hay una pulsación, que hay un calor, que hay una tensión. Tal vez... si penetro en ese dolor... descubra que en su interior hay un componente de miedo, de resistencia, de falta de entrega, de lucha, de rechazo...

Lo que nos permite entrar en el dolor, en la tristeza, en la rabia, en el miedo, en el deseo, en las fantasías... lo que nos permite explorar... es el amor.

Nuestra observación, nuestra atención, es amorosa.

Nuestra atención no trae consigo ningún juicio, no establece categorías, no tiene preferencias, ni apegos, ni aversiones.

Por eso nos permite ver las cosas tal como son, sin lentes deformantes.

Las lentes deformantes son nuestras creencias, nuestros prejuicios, nuestros gustos personales, nuestras opiniones, nuestras cargas culturales y sociales...

Una atención amorosa, una presencia consciente, nos libera de todas esas deformaciones, nos muestra todo tal como es. Gracias a esa atención podemos explorar los fenómenos que se producen aquí y ahora, y podemos hacerlo en plena calma.

Simplemente observamos, exploramos.

70. Exploración

Entramos en los fenómenos para conocerlos desde dentro, para saber de qué están hechos, para enterarnos a través del sentir de lo que realmente estamos experimentando.

Nuestra existencia es, así, una existencia sentida.

71

Entrega

Cuando nos sentamos a meditar, nos dejamos invadir por la quietud.

Observamos cómo, poco a poco, nuestro cuerpo entra en la quietud. Es una quietud relajada, distendida y, al mismo tiempo, bien despierta, viva, alerta.

Desde nuestra quietud, observamos el ir y venir de los pensamientos. Los dejamos pasar, sin rechazar y sin aferrar nada.

Somos conscientes de nuestra postura.

Somos conscientes de nuestra respiración.

Somos conscientes de nuestros pensamientos, de nuestras emociones, de nuestras sensaciones corporales.

Nos mantenemos en esa infinita quietud, plenamente despiertos y sintientes, atentos, vivos.

En la quietud, encontramos la atmósfera cálida propia de un hogar. Hemos llegado a casa.

Dejamos pasar los pensamientos.

Nos mantenemos presentes ante los fenómenos que se suceden en nuestro interior.

Acompañamos la profunda quietud de nuestro cuerpo con una presencia que es puro amor. El humano que somos permanece sentado, quieto, en silencio, acompañado por una presencia que lo ama sin condiciones.

Cuando nos sentamos a meditar, nos sabemos amados.

Nos dejamos vibrar en la energía del amor.

Tomamos conciencia de cómo es nuestra respiración.

Tomamos conciencia de la plenitud de cada instante.

Gracias a la quietud, es como si nos hundiéramos en nosotros mismos. Hacemos una profunda inmersión. Nos dejamos caer en el infinito espacio de la quietud. Nos entregamos, nos rendimos, nos dejamos ir hacia lo más hondo de la quietud y del silencio.

Por las noches, en la cama, nos entregamos al sueño, nos rendimos, soltamos…

Aquí y ahora, cuando nos sentamos a meditar, plenamente despiertos, también nos dejamos ir, nos entregamos, nos rendimos sin temor, nos dejamos caer sabiéndonos seguros, protegidos por el amor.

Nos permitimos disfrutar de esa inmersión, de ese viaje, de esa caída que es, también, una elevación, un vuelo.

El espacio por el que caemos no tiene límites.

El amor que nos sostiene y nos guía en esa caída libre… tampoco tiene límites.

Soltamos todo control… y confiamos plenamente en el amor.

La práctica nos enseña cómo vivir: sueltos, confiados, sin controlar, conscientes de ser amor y de estar recorriendo la vida por un espacio amoroso.

Caemos y caemos… en un viaje que no tiene final.

La práctica de la meditación nos enseña con qué actitud vivir.

El espacio que la quietud nos abre es infinito. Cuando nos sentamos a meditar, permanecemos quietos… para explorar ese espacio.

Nos entregamos, nos dejamos llevar.

Nuestro espacio interior es infinito y… está saturado de amor.

Podemos confiar, podemos dejarnos llevar…

Podemos, así, experimentar la infinita paz que somos.

72

Perdón

Cuando nos sentamos a meditar, traemos la atención a nuestra postura. No nos desconectamos del mundo, sino que nos conectamos, también, con nuestro mundo interior.

Tomamos conciencia de cómo estamos sentados, de cómo es nuestra respiración, de cuáles son nuestras sensaciones corporales... sin emitir juicios, sin establecer categorías.

Simplemente constatamos.

Meditar es... contemplar.

Nos ponemos en un modo pasivo, receptivo, pero muy despierto.

Instalados en nuestra quietud y en nuestro silencio, podemos contemplar el paisaje interior. Podemos contemplar, por ejemplo, nuestras sensaciones corporales. Y ser testigos de los fenómenos que se producen en nuestra mente.

De la misma manera, podemos darnos cuenta de un dolor, de una incomodidad, de un picor...

Podemos darnos cuenta de los pensamientos que circulan, de las frases, de las imágenes, de las fantasías, de los deseos...

La atención que ponemos en los fenómenos no lleva consigo ninguna crítica, ningún juicio de valor. En esa contemplación de nuestro paisaje interno a veces constatamos agitación, conflictividad, mil formas que nos alteran, que nos impiden experimentar la paz.

Comprobamos, en esa contemplación, que necesitamos traer paz a nuestro mundo mental, a nuestro paisaje interno. Necesitamos traer... amor.

Podemos ir a buscar esa paz a nuestro corazón. Desde nuestro corazón, esa paz, esa energía amorosa, puede brotar bajo diferentes formas. La gratitud es una de las formas que adopta la energía del corazón. La bendición es otra forma; el perdón es otra forma, muy poderosa, que toma la energía del corazón.

Confundidos por la apariencia de las cosas, creemos que el perdón es algo que actúa sobre los demás.

Confundidos por las apariencias, creemos que nos toca perdonar al otro, o pedimos al otro que nos perdone.

Sin embargo, con el perdón ocurre lo mismo que con la gratitud: la gratitud del otro no me hace necesariamente experimentar gratitud a mí.

Necesitamos trascender las apariencias: el perdón es un instrumento que trae paz. Y surge de nuestro corazón.

No se trata de perdonar a quien me ha ofendido; se trata de perdonarme por haber sido ofendido.

El perdón tiene la virtud de traer consigo el olvido. Cuando me perdono por la ofensa recibida, no queda en mí ninguna memoria ni vestigio de esa ofensa.

Cuando me perdono por lo limitado de mi condición humana, puedo encontrar la paz y renovadas ganas de vivir… con mis limitaciones de humano.

Algunas personas, desde un lugar de orgullo y prepotencia, creen que tienen que perdonar a sus padres para hacer las paces. Si alguna queja tenemos de ellos, necesitamos perdonarnos por haber tenido esos padres y así la paz llega a nuestro paisaje interior. Es inmediato.

Somos humanos, somos imperfectos, cometemos errores y, en consecuencia, necesitamos la energía del perdón.

Saber perdonarnos es un acto de humildad.

La condición humana es intrínsecamente imperfecta. Esa imperfección nos hace mortales, nos hace experimentar la soledad, nos hace vivir las experiencias en el plano de lo condicionado.

Todo ello es una constante invitación a la humildad, al perdón.

Y porque el perdón no pone condiciones, es una puerta abierta —en nuestro interior— hacia la experiencia del amor incondicional.

Cada uno de nosotros envejece, enferma, se morirá, cometerá errores, traiciones, mentiras… Tendremos adicciones, pensamientos inconfesables…

Y, sin embargo, nada de eso puede anular nuestro potencial de amor.

Haga lo que haga nuestro humano, siempre podremos amarlo.

El perdón es una de las vías regias que nos conducen hacia esa fuente de amor incondicional.

Nuestro poder personal, nuestra confianza en nosotros mismos vienen, justamente, de esa invulnerabilidad de nuestro corazón. Nada ni nadie tiene poder sobre esa fuente de amor incondicional.

Saberlo, vivir conscientes de ello, es lo que nos empodera, lo que nos permite confiar en nosotros mismos, pese a todas las limitaciones que tenemos como humanos.

Lo que de alguna manera nos hace fuertes, entonces, es nuestra humildad.

Lo que nos debilita… es el orgullo, la prepotencia, el encarnizamiento a la hora de tener razón.

Nuestro poder tiene su origen en nuestras fragilidades, porque ellas nos obligan a dirigirnos al corazón. Y el perdón… es uno de los caminos que nos conducen más directamente hacia esa fuente de nuestro poder personal.

73

Vulnerabilidad

Cuando nos sentamos a meditar, traemos nuestra atención al cuerpo, a la postura, y tomamos conciencia de que la tierra nos sostiene.

La parte inferior de nuestro cuerpo se siente atraída por el centro de la Tierra.

La parte superior —sobre todo la cabeza y la columna vertebral— se siente estirada hacia el cielo, como si un hilo la elevara.

Cada uno de nosotros es el vínculo entre la tierra y el cielo.

Traemos la atención al cuerpo —y a lo que sentimos en el cuerpo— para que nuestra atención esté aquí, donde nos encontramos. Para que vivamos este instante en plena presencia, conscientemente.

Si observamos en nosotros mismos, comprobaremos que vivir así el instante presente dilata, en nuestro interior, un espacio: porque no buscamos nada; porque no deseamos nada; porque abrazamos confiados la vida, que en cada instante se presenta completa.

Cuando nos sentamos a meditar, tomamos conciencia de ese espacio que se dilata, de instante en instante.

Si permanecemos conectados, presentes, comprobamos que ese espacio es silencioso, transparente, pura paz, puro amor. Ahí no hay deseo y, en consecuencia, tampoco hay miedo.

Cuando permanecemos en el presente, nos rendimos a la vida. La vivimos plenamente. Nos entregamos a la experiencia de estar vivos, conscientes de nuestra vulnerabilidad. Y podemos comprobar cuánto poder emana de nuestra vulnerabilidad. Sabemos que, en la vida, pueden llegarnos penalidades. Sabemos que seguramente sufriremos pérdidas, abandonos, rechazos, decadencia, enfermedad… No nos contamos una historia de color rosa. Y, sin embargo, nos ofrecemos a la vida.

De alguna manera, esta apertura, esta consciente vulnerabilidad, esta conciencia de nuestros límites es, al mismo tiempo, una fuente de confianza, de poder. Surge, en nosotros, la convicción de estar preparados para vivirlo todo, para atravesarlo todo, para experimentar plenamente lo humano.

Tal es el poder del ahora.

Nuestro cuerpo siempre está aquí: es el ancla que nos permite fijar nuestra conciencia en el presente. Lo que sentimos, solo lo sentimos… ahora.

Nuestra actividad mental no conoce esos límites; alcanza cualquier punto del tiempo y del espacio.

Cuando nuestra atención viaja, con los fenómenos mentales, hacia el futuro, aparece el miedo. Porque el futuro es lo desconocido, lo incierto, y la única certeza es la muerte.

Inevitablemente, cuando nuestra atención viaja con los pensamientos hacia el futuro, aparece su opuesto complementario: nuestro pasado. Y, en el pasado, somos niños. Niños inmaduros que no están preparados para afrontar la complejidad de la vida adulta.

El niño teme a la oscuridad, a la soledad y a los monstruos que puede concebir su fantasía. Lo único que puede calmar al niño, y aliviarlo de sus miedos, es la presencia del amor que le brinda un adulto: el abrazo, el calor, las palabras amables que vienen de esa presencia.

Cuando en la vida de adultos nos agobian los miedos, también estamos necesitados de presencia, de una presencia amorosa.

Cuando viajamos hacia el futuro en nuestra mente, el espacio interior, silencioso, amoroso, transparente… desaparece, porque solo está en el presente. En su lugar, experimentamos la falta de espacio, la estrechez, lo angosto, la angustia.

La vulnerabilidad ha desaparecido y en su lugar aparece la debilidad.

La confianza ha desaparecido.

El poder ha desaparecido.

¿Qué es lo que puede aliviarnos? Volver a la presencia. Volver a traer nuestra atención al instante presente.

Eso es lo que nos aporta —entre otras cosas— la meditación.

La práctica nos permite ir al encuentro de ese espacio interior. Y, por este camino, nos encontramos con nuestra vulnerabilidad, con nuestro poder personal, con nuestra paz, con ese espacio silencioso en donde no resuenan las fantasías catastróficas, en donde no hay un Yo frágil, débil, medroso, ese espacio en donde el miedo no encuentra lugar.

En nuestra mente podemos detectar fantasías catastróficas y fantasías anastróficas.

Algunas personas llevan su atención a las catastróficas y... viven instalados en el miedo.

Otras personas llevan su atención a las fantasías anastróficas y entonces... viven en la euforia.

En el fondo, es lo mismo: en ambos casos, lo importante es no estar en el presente, en lo que es, en relacionarse con las cosas tal como son.

Son dos maneras de evitar vivir algo del presente.

Cuando esto ocurre, conviene preguntarse: ¿qué hay en mi presente que me resulta insoportable?

A veces, lo insoportable del presente es que no hay nada, que no hay asidero para el Yo, no hay discurso, no hay un Yo protagonista de una historia más o menos extraordinaria.

A veces, lo insoportable del presente es una frustración, un ideal roto, una imagen de sí mismo algo deteriorada, una pérdida, una culpa, una vergüenza… algo que no queremos vivir y que suele ser… algo que necesitamos vivir.

Cuando practicamos meditación —y lo hacemos con disciplina, con honestidad, con fidelidad— poco a poco se va revelando en nosotros ese espacio interior, esa vulnerabilidad, ese poder que nos transmite confianza y la convicción de que estamos preparados para vivir las emociones que estamos evitando.

La práctica de la meditación no es acumulativa: siempre es la primera vez, siempre es permanecer en el instante presente, es cultivar esa presencia amorosa que todo lo hace soportable, que todo lo alivia, que todo lo serena y que tiene la capacidad de acoger todo sufrimiento.

74

Paisaje interior

Cuando nos sentamos a meditar, observamos nuestro paisaje interior.

Observamos, sin juzgar, las sensaciones, las emociones, los pensamientos…

¿Qué noto en mi respiración, en mi ánimo?

¿Cuál es la tonalidad dominante?

¿Hay algo que vengo arrastrando a lo largo del día… o en los últimos días?

¿Hay, aquí y ahora, alguna preocupación que no me he detenido a mirar a los ojos, algo con alguna persona… algo conmigo mismo…?

¿Tal vez estoy esperando algo o buscando algo… o preguntándome algo?

¿De qué está hecho este momento de mi vida?

¿Encuentro en mi interior un espacio, un paisaje despejado o, por el contrario, un paisaje lleno, recargado, sin perspectiva, con poco aire para respirar a gusto?

Simplemente, observo. Sin juzgar.

Cuando nos sentamos a meditar, cada uno de nosotros, aquí y ahora, es la observación: ni observador ni cosa observada. La pura observación. Una observación que es toda amor. Una observación que nace de nuestro corazón.

Sentarse a meditar es la observación amorosa del paisaje interno.

Es una observación sin mente, sin discursos añadidos, sin prejuicios ni preferencias. Somos una observación silenciosa, abierta, inclusiva. Nuestra única intención es ver las cosas como son.

La observación nace del corazón y sobrevuela nuestro paisaje interno.

Convertirnos en la observación puede permitirnos tomar conciencia: tal vez de necesidades no atendidas; tal vez de creencias que nos hacen la vida más difícil; tal vez de ciertos patrones o actitudes repetitivos; quizá nos permite detectar algún miedo que está condicionando nuestro día a día y del que no nos habíamos dado cuenta.

Somos la observación; no aferramos nada y no rechazamos nada.

Poco a poco, nos vamos familiarizando con nuestro paisaje interior, tal como estamos familiarizados con la ciudad donde vivimos, con nuestra casa, con nuestro barrio o con nuestro lugar de trabajo.

Sin apego. Sin rechazo.

Nos mantenemos en un punto de ecuanimidad, de equilibrio, de intensa presencia.

Cuando nos sentamos a meditar, y según van pasando los minutos, comprobamos cómo se suceden los pensamientos, las imágenes, las emociones… las tonalidades de nuestro paisaje interior.

75

Hara

Cuando nos sentamos a meditar, llevamos la atención a nuestra respiración.

Tomamos conciencia de todos los movimientos que se producen en nuestro cuerpo al respirar.

Observamos nuestra respiración, sin intervenir.

Observamos, especialmente, la exhalación.

No le ponemos ningún obstáculo: aflojamos el pecho, aflojamos los hombros, aflojamos el abdomen...

Cuando nos sentamos a meditar, es como si dejáramos caer, por su propio peso, todos los órganos internos.

Observamos nuestra respiración en el ombligo: dejamos caer la tripa, soltamos los abdominales y buscamos con nuestra atención un punto que está cuatro centímetros por debajo del ombligo. Dejamos que la exhalación baje hasta ese punto.

Permanecemos con nuestra atención puesta en ese lugar, por debajo del ombligo. Poco a poco, vamos a tomar conciencia de la energía que hay en ese punto del cuerpo, de lo que encontramos ahí.

En ese lugar solemos encontrar una gran calma.

Nos instalamos allí.

Podemos encontrar, también, equilibrio, confianza, éxtasis...

Nos dejamos hundir en el silencio que reina en ese punto de nuestro cuerpo.

Hacemos de ese lugar, que en Japón llaman *Hara,* nuestro hogar, nuestro centro, nuestro origen, nuestra raíz. Nos situamos en el mundo «desde» el *Hara.*

Si nuestra atención se desplaza a nuestra mente, volvemos a la respiración, volvemos a la exhalación... volvemos al *Hara.*

Nuestra atención vuelve, una y otra vez, a nuestro presente, a nuestra respiración y a esa zona del cuerpo, por debajo del ombligo, para habitarla conscientemente.

El *Hara* se vuelve el centro de nuestra atención. En cierto modo, lo convertimos en fuente de nuestra atención. «Desde» el *Hara* empezamos a percibirnos, a construirnos física, emocional y espiritualmente. Como una planta, es ahí abajo donde se halla nuestra raíz. Desde ahí nos nutrimos, desde ahí nos desarrollamos.

Tenemos el hábito de considerar que el centro de nuestro Yo está en la cabeza.

Cuando nos sentamos a meditar, podemos buscar el centro de nuestro Yo en el *Hara.* Y exploraremos cómo nos vemos a nosotros mismos desde ese lugar donde no hay pensamientos, cómo vemos el mundo desde ese lugar.

Nuestro punto de apoyo —vital y existencial— está en el *Hara.*

Ese Yo, localizado en el *Hara,* no se expresa a través de palabras. Es un Yo que ignora el lenguaje de las palabras. Es un Yo que se se expresa mediante vibraciones. Es una energía que no pasa por un traductor y nosotros la vivimos a nivel sensorial. Es otro lenguaje.

La comunicación, el intercambio de información, se produce a través del sentir, no del decir. Todo se plasma en el silencio, sin la intermediación de la mente.

Permanecemos instalados en el *Hara,* en la calma y la quietud y el silencio de ese lugar —bajo y profundo— de nuestro cuerpo.

76

Decidir

Cuando nos sentamos a meditar, cerramos o entornamos los ojos.

Con nuestra quietud, con nuestro silencio, según pasan los minutos vamos permitiendo que todo se calme, se afloje, se suelte.

Así, nos preparamos para —durante un rato— dedicarnos a la contemplación de nuestro paisaje interno.

Por definición, la contemplación carece de juicio, de opinión. Simplemente, sin concentrarnos en nada, permanecemos abiertos, receptivos, sensibles a todos los fenómenos que se suceden en nuestro interior.

Esos fenómenos —como pueden ser las sensaciones corporales, los pensamientos, las emociones…— no dependen de nuestra voluntad; se producen en nosotros.

No podemos decidir que nos duela la espalda o que no nos duela. No somos libres de decidir que llueva o que no llueva.

El dolor de espalda dependerá de mil factores que escapan a nuestro control; es algo que ocurre en el plano de lo condicionado.

Todos hemos comprobado, en innumerables ocasiones, que aquello de lo que somos conscientes es solo una ínfima parte; algo así como la parte visible del iceberg. El iceberg viaja, arrastrado por las corrientes, no por lo que aparece en la superficie, sino por lo que está sumergido.

Vivimos con la ilusión de que decidimos. Esa ilusión nos produce miedo, porque sabemos que podemos equivocarnos.

Vivimos en la ilusión de que podemos acertar o equivocarnos.

Vivimos con una conciencia dual: por un lado, está el acierto; por otro lado, el error.

Vivimos como si avanzáramos por un camino que, de pronto, se bifurcara, y debiéramos detenernos en la bifurcación creyendo que es necesario decidir: ¿cuál de esos dos senderos es el bueno, el correcto?

Nos da miedo, nos paralizamos, porque tememos tomar el camino equivocado.

La práctica de la meditación —cuando la hacemos con regularidad y de manera comprometida— nos permite acceder a una conciencia «no dual».

Simbólicamente, decimos que es como realizar un viaje del cerebro, al corazón; del miedo, al amor.

¿Y qué vemos cuando observamos desde una conciencia no dual, desde la visión del corazón?

Vemos que, si tomamos el camino de la derecha... allí podríamos encontrarnos con lo mejor... y lo peor.

Y que si tomamos el camino de la izquierda... también: podríamos encontrarnos con lo mejor... y lo peor.

¿Cuál es, entonces, la decisión?

¿Hay un camino correcto y otro equivocado?

¿Cuál es —realmente— el plano en el que nosotros sí podemos decidir?

Si, por ejemplo, digo que voy a coger el autobús 13 para ir a mi casa, decido tomar ese autobús.

Pero podrá ser así si no hay huelga, si no se ha producido un accidente, si no han ocurrido muchísimas cosas capaces de impedir el paso de ese autobús: si no me rompo una pierna antes, si no tengo un infarto antes, si no me asaltan por el camino, si no cambio de idea…

Tengo la ilusión de decidir, cuando en realidad hay infinitos factores que no controlo.

¿Qué es lo que sí puedo decidir?

Da igual si tomo el camino de la derecha o el de la izquierda: en ambos podría encontrar lo mejor y lo peor.

En ambos, momento a momento, tendré que decidir.

Incluso si estoy detenido en el punto de la bifurcación, tengo que decidir.

Pero ya no se trata de decidir qué camino tomo.

Mi única libertad es la de decidir, la de elegir quién quiero ser, aquí y ahora, en cada instante.

¿Quiero ser el que está detenido en el punto de la bifurcación y se cuenta que tal vez esté equivocándose, y por ello siente miedo?

¿Quiero ser el que confía en que, tome el camino que tome, la vida lo llevará a donde tenga que ir, y entonces avanzaré en paz, sereno, con confianza?

¿Quiero ser el que, en nombre de un supuesto error, no avanza para no equivocarse?

¿Quién quiero ser, aquí y ahora?

No hay un solo instante en el que no estemos decidiendo quiénes queremos ser.

La práctica de la meditación es un acto de amor, porque nos ayuda a encontrar el camino del corazón.

Adoptar constantemente la postura de sentado, entrar en la quietud y en el silencio, nos cambia la vida radicalmente. La práctica lo enseña todo, aunque no se hable, aunque no se escuche aquello que se dice.

Se trata de sentarse, de volcar la mirada hacia el interior sin juicio, sin crítica, sin generar categorías.

Pero… ¡atención! La práctica de la meditación puede convertirse, también, en otro motivo de sufrimiento inútil.

¿Cómo?

Me genero sufrimiento si cada vez, antes de ir a meditar, me detengo en el punto de bifurcación de los caminos con la duda: ¿voy hoy o no voy?

Quien tiene la ilusión de decidir, y por eso vive en el miedo, es nuestro Ego.

No decidir, renunciar a decidir… es soltar el Ego.

Si cada vez que tengo que ir a meditar me detengo a decidir si voy... o no voy, una parte de mí dirá «sí»... otra parte de mí dirá «no». Siempre es así.

Lo más sano es que, si alguna vez he comprendido que necesito practicar meditación, simplemente vaya a meditar y me quede en paz, sin conflictos.

Y si, por el contrario, he comprendido que no necesito o no quiero sentarme a meditar, pues simplemente no voy a meditar y me quedo en paz, sin conflictos.

El «sí, pero no» es lo que nos genera el sufrimiento. Sí, pero no.

A cada uno de nosotros le toca observarse y comprobar en qué ámbito de su vida transita desde el «sí, pero no», para verificar qué tal se siente.

Quiero, pero no quiero.

Sí, pero no.

Seguramente, el ámbito en que más tóxico resulta el «sí, pero no» sea con respecto a nosotros mismos.

Me digo: «sí, pero... tendría que mejorar tal cosa; tendría que alcanzar...; tendría que hacer...; tendría que aprender...».

Sí, pero no todavía.

Cuando nos sentamos a meditar, nos conviene ser conscientes de que la postura que adoptamos es la encarnación de un «sí» absoluto.

Meditar es decirle «sí» a este instante, tal como es. Con su incomodidad, con su dolor, con las dudas, con lo que haya.

En cuanto entramos en el «sí, pero...», meditar se convierte en una tortura.

Y lo mismo pasa en cualquier otro orden de la vida: «estoy con tal persona, pero...», «estoy en tal trabajo, pero...», «vivo en tal lugar, pero...».

La meditación es una práctica del «sí», porque es una práctica del corazón, es una vía amorosa.

Cada una de nuestras células encarna el «sí».

Meditar es un «sí» a la vida, aquí y ahora, tal como es.

77

Recogimiento

Cuando nos sentamos a meditar, adoptamos una actitud de recogimiento.

Es como si recogiéramos las redes de nuestra atención y las dirigiéramos hacia nuestro interior.

Adoptamos una actitud de recogimiento silencioso: sin comentarios, sin opiniones, sin buscar establecer ningún tipo de categoría.

Nos instalamos en ese punto de recogimiento silencioso y, en él, descansamos.

Adoptamos, interiormente, una actitud de reposo, de suspensión de actividad que, sin embargo, es muy despierta, plenamente viva y alerta.

Desde este lugar de «no hacer» podremos observar toda la actividad que se despliega sin que nosotros la hagamos.

La actividad de nuestro cuerpo, que respira, que experimenta dolor, incomodidad, confort, temperatura…

La actividad de nuestra mente, que sigue manifestándose a través de pensamientos, de imágenes, de deseos, de fantasías, de recuerdos…

La actividad del mundo, de la ciudad, de la calle, que nos llega a través de sonidos o vibraciones…

O la actividad de nuestro cuerpo emocional.

Observamos toda la actividad que nosotros «no hacemos», y la observamos desde este lugar de descanso y contemplación silenciosa sin añadir comentarios, sin acompañarla de un discurso.

Este punto de recogimiento silencioso, en el que nos instalamos, está a cierta distancia de los fenómenos que se suceden y son observables. Eso nos facilita no identificarnos con ellos. No identificarnos con el dolor, no identificarnos con los pensamientos...

Nos interesa establecer una relación con todos esos fenómenos: una relación amorosa que nos permita abrirnos a ellos y dejarlos ser, sin ninguna voluntad de interferir en ellos, de aferrarlos o de rechazarlos.

Si notamos que estamos demasiado cerca de un fenómeno, y corremos el riesgo de identificarnos, damos un paso atrás, damos dos pasos atrás, damos tres pasos atrás. Lo que consideremos necesario.

Dejamos que el silencio cubra todo ese espacio entre nosotros y los fenómenos.

Permanecemos instalados en un punto de recogimiento, quieto y silente.

Desde ahí, acogemos todos los fenómenos en nuestro corazón.

En nuestro corazón hay sitio para acoger el dolor, las emociones, la guerra, la injusticia...

Abrimos nuestro corazón a los pensamientos, a las emociones, a las sensaciones.

Acogemos todo por igual. Y dejamos que todos esos fenómenos se diluyan en el infinito espacio del amor, en el silencio de nuestro corazón.

Permanecemos arraigados en ese punto de recogimiento interior, en ese punto de silencio y de quietud, siempre muy conscientes de estar aquí, ahora; conscientes de nuestra postura; despiertos; plenamente vivos.

Dejamos que los fenómenos pasen a través de nosotros, sin rechazarlos y sin aferrarlos.

Desde nuestra quietud y nuestra inactividad observamos la actividad de la mente.

Nos recogemos en el silencio.

Conscientes de estar aquí, sentados, con el corazón abierto a todo lo que llegue.

78

Me doy cuenta

Cuando nos sentamos a meditar, traemos nuestra atención al cuerpo.

En cada exhalación nos entregamos un poco más, nos soltamos.

Nos soltamos desde la mente. Nos soltamos desde el cuerpo. Soltamos el diafragma, soltamos los músculos abdominales…

Es como si dejáramos que todos nuestros órganos internos cayeran, se dejaran llevar hacia abajo por la fuerza de la gravedad.

Así —de exhalación en exhalación— vamos entrando en la quietud y en el silencio interior. Vamos entrando en nuestra propia intimidad.

Cada uno de nosotros se convierte en testigo de lo que ocurre en su interior.

Presenciamos el desfile de gran número de fenómenos. Somos un testigo que no rechaza ni aferra nada. Nuestra atención no está focalizada en nada: está flotando, abierta, disponible.

De pronto, en nuestro campo de atención lo mismo puede entrar un pensamiento, una imagen, un ruido que viene de la calle o de la casa de los vecinos.

Nuestra atención nos permite darnos cuenta; nada más.

Me doy cuenta de que respiro.

Me doy cuenta de cómo estoy sentado.

Me doy cuenta de la temperatura que hace en la sala.

Me doy cuenta de que, por mi mente, desfilan imágenes.

Eso es todo. Me voy dando cuenta, de instante en instante.

Me doy cuenta de si estoy tenso o calmo.

Me doy cuenta de si tengo molestias en el cuerpo... o no.

Me doy cuenta de que, al sentarme y entrar en el silencio, viene a mi conciencia una preocupación que no estaba viendo antes.

Me doy cuenta de que estoy relajado, distendido, sin nada que enturbie mi ánimo.

¿Para qué me doy cuenta?

Para nada.

No estoy produciendo algo, no estoy buscando algo, no estoy haciendo algo.

Simplemente, me estoy dando cuenta de distintas cosas.

Soy una conciencia abierta a los fenómenos.

Soy una atención flotante, disponible, un campo para lo posible.

Cuando nos sentamos a meditar permanecemos observando, sin juzgar.

Renunciamos a establecer categorías.

Nos instalamos en un lugar de contemplación.

Esta contemplación nos permite darnos cuenta. Es decir, nos permite estar aquí, sentados, conscientes de lo que vamos viviendo momento a momento.

No buscamos nada más.

Somos conscientes de lo que nos está pasando en el cuerpo.

Somos conscientes de lo que está pasando en nuestra mente.

Somos conscientes de las emociones que experimentamos.

Y eso es todo.

Me doy cuenta de cuáles son los pensamientos que circulan por mi mente.

Me doy cuenta de la energía que vibra en mis manos.

Mi atención, una y otra vez, se aleja pegada a algunos pensamientos; pero, cuando me doy cuenta de que me he ido... mi atención vuelve al presente, vuelve a este lugar donde estoy sentado, vuelve a mi cuerpo, a la postura que he adoptado, a mi respiración, a mis emociones, a mis pensamientos…

Vuelvo a tomar conciencia de cómo estoy sentado, de lo que siento en una pierna, en las manos, en el rostro…

Simplemente me doy cuenta, tomo conciencia, experimento plenamente este instante.

79

Retener

Cuando nos sentamos a meditar, traemos la atención al cuerpo.

Intentamos que nuestra postura nos resulte natural y que, al mismo tiempo, fomente en nosotros una actitud interna muy despierta, muy viva, muy alerta.

Una de las cosas que nos mantiene bien despiertos es que nuestra columna vertebral se estire. Para ello, imaginamos un hilo que tira de nuestra coronilla hacia el cielo. Al mismo tiempo, dejamos que la parte inferior de nuestro cuerpo sea atraída por el centro de la Tierra, por la fuerza de la gravedad. Nuestras rodillas echan raíces en el suelo.

Nuestra coronilla hacia arriba, nuestros hombros caen, nuestra espalda recta... todo eso vamos visualizando cuando nos sentamos a meditar. Y vamos tomando conciencia de nuestra postura.

No solo estamos sentados: estamos *conscientemente* sentados.

Entonces... podemos llevar la atención a nuestra respiración, sin ninguna voluntad de dirigirla o modificarla.

Si tomamos conciencia de ese ir y venir, si no forzamos la respiración, si no ponemos en ella ninguna intención particular, al cabo de un rato tendremos la sensación de ser respirados, de ser habitados por la respiración.

Esta contemplación nos puede permitir verificar si el aire entra y sale libremente, naturalmente. Más precisamente: cuando observamos la exhalación, podemos darnos cuenta de si estamos reteniendo, o no, una parte del aire en nuestro interior.

A veces ocurre que retenemos aire a la altura del plexo; a veces retenemos a la altura del estómago; a veces a la altura de las clavículas.

Cuando profundizamos en la práctica de la meditación, comprobamos que —poco a poco y a fuerza de soltar, de dejar ir— la duración de la exhalación se prolonga. Porque la práctica de la meditación bien podría describirse como una práctica de soltar, de no retener, de dejar ir, de dejar pasar.

Lo que practicamos en la meditación es esa actitud, que consiste en dejar ir, en dejar pasar, en no retener. Es decir, en evitar lo que el Buda denominó «apego», causa de sufrimiento inútil, junto con el deseo.

El apego puede ser a un objeto, a una persona, a una emoción, a una creencia… En última instancia, siempre es el apego a un objeto mental, un objeto llamado «Yo», llamado «Ego». Es apego a una idea que tengo de mí mismo y, por proyección, a una idea que tengo del mundo y… de los demás.

Como podemos observar en la respiración, soltar, dejar que la exhalación se alargue naturalmente, equivale a renunciar a todo control; equivale a permitir que en nosotros la vida discurra en libertad, sin retener nada, sin apegos.

Retenemos para controlar.

Y controlamos porque sentimos miedo.

Soltamos, dejamos ir, cuando confiamos.

Lo que aferramos, lo que retenemos, es una idea de nosotros mismos, una imagen, el personaje de una narrativa.

Aferramos, nos apegamos, retenemos a través de un mecanismo llamado «identificación».

Creemos ser ese objeto mental que nadie puede ver, que nadie puede tocar, con el que nadie puede interactuar y con el que, sin embargo, nos mantenemos identificados.

En lugar de concebirnos a nosotros mismos como la expresión presente de un proceso, como una continua transformación, como una infinita potencialidad que se va plasmando en formas cambiantes de instante en instante... nos identificamos con ese objeto que podemos definir, comparar, juzgar: un objeto ya acabado y constituido en su mayor parte por elementos del pasado.

Con la práctica de la meditación nos entrenamos en soltar la respiración, en dejar pasar los pensamientos, en contemplar cómo se suceden las emociones, sin aferrar nada, sin rechazar nada, sin retener nada.

Retenemos cuando en nosotros hay miedo, desconfianza, control, búsqueda de seguridad.

Soltamos, dejamos ir, cuando amamos, cuando confiamos, cuando aceptamos la vida tal como viene momento a momento, y lo hacemos con reconocimiento y gratitud.

Muchas veces, nos resistimos a aceptar la vida tal como es. Es decir, nos resistimos a aceptar ese flujo de transformación que no deja de ser, también, un ciclo de pérdidas, de finitudes y de nacimientos.

Lo que más nos cuesta aceptar es la muerte, en sus infinitas manifestaciones: la muerte de un ser querido, la muerte de una ilusión o de un proyecto, la muerte de cierta etapa de nuestra vida, la muerte de alguna relación...

Nos cuesta comprender y aceptar que la vida es una sucesión de ciclos.

Podemos observarlo en los ciclos de la naturaleza, en cómo los árboles y las plantas experimentan ese continuo pasaje de la vida a la muerte, de la muerte a la vida.

Los humanos no aceptamos estos ciclos —en nosotros— con la misma naturalidad. Las pérdidas nos hacen experimentar emociones intensas y desagradables, nos hacen entrar, por ejemplo, en la tristeza. Y la tristeza, precisamente, aparece en nosotros para ablandarnos, para debilitarnos, para que abramos las manos y dejemos partir lo que ya está muerto. Esa apertura interior nos permite vaciarnos. Así, vacíos, nos disponemos a recibir lo nuevo, lo que la vida nos trae, aquí y ahora.

Cuando nos aferramos a lo que ya fue, nos impedimos acoger lo que ahora es. Y corremos el riesgo de experimentar lo que la mujer de Lot experimentó al girarse para mirar hacia el pasado: convertirnos en estatuas de sal, en seres cristalizados.

La vida es un constante fluir, es un tránsito, es un continuo peregrinaje de una forma a otra. Cuando nos obstinamos en retener, adoptamos una actitud contra la vida. Y sufrimos.

Estar contra la vida es estar contra nosotros mismos, porque somos la vida.

80

Fondo y figura

Cuando nos sentamos a meditar, observamos la respiración. Nos volvemos testigos de ese doble movimiento con que la vida se expresa: inhalación, exhalación.

En el ritmo de nuestra respiración, podemos observar el ritmo de nuestra mente.

Llevamos nuestra atención a un punto que está cuatro centímetros por debajo de nuestro ombligo, el *Hara*. Nuestra exhalación busca descender hasta el *Hara*.

Si prestamos atención, comprobaremos que entre una exhalación y la siguiente inhalación hay un tiempo. Ese tiempo —en el que la exhalación ya no es y la inhalación todavía no es— es la puerta de entrada al silencio y la calma.

Cuando queremos *hacer* la calma, generamos inquietud, agitación.

La calma ya está ahí, siempre ha estado, siempre estará, es eterna. Accedemos a ella cuando renunciamos a la acción, a la búsqueda, al deseo.

La calma, el silencio, el vacío, la paz, son otros tantos atributos de nuestra auténtica naturaleza.

En ese vacío, en esa quietud, en ese espacio infinito y silencioso se suceden fenómenos.

Observarnos a nosotros mismos —meditar— es llevar la atención a ese espacio infinito, silencioso y calmo, y dejar pasar los fenómenos. Los fenómenos aparecen ante nuestra percepción y nos identificamos con ellos. Son las figuras que aparecen... sobre el fondo que ofrece la mente.

Para el meditador, la mente es la figura, y los fenómenos el fondo.

No somos nuestros pensamientos, nuestros deseos, nuestros recuerdos, nuestras experiencias. Somos ese espacio infinito en el que tales fenómenos nacen, pasan, desaparecen...

El cielo es la figura, las nubes son el fondo.

Cuando nos sentamos a meditar, dejamos pasar los pensamientos, encarnamos la calma.

Nuestro cuerpo es una de las infinitas formas que puede adoptar la calma. Si prestamos atención, podremos observar la calma en nuestro rostro, la calma en nuestras manos, la calma en nuestro pecho, la calma cuatro centímetros por debajo del ombligo, en el *Hara*.

Nos mantenemos despiertos, atentos, vigilantes, quietos, en calma.

Permanecemos conscientes de nuestra postura; conscientes de las emociones que nos atraviesan; conscientes de las voces que resuenan en nuestra mente; conscientes de las imágenes, de los sonidos internos y externos; conscientes de cuánta calma hay en cada célula de nuestro cuerpo.